プロフェッショナルをめざす人のための
新ビジネス基礎力養成講座

NEW BASIC BUSINESS SKILL TARINING COURSE FOR ASPIRING PROFESSIONALS

「ハカる」力《ちから》

三谷宏治＝著

WITTEN BY KOJI MITANI

Discover

はじめに

ハカる力がこの世のすべてを支えている

世の中の森羅万象《しんらばんしょう》は、「ハカる」ことと一体です。

物理学的に言えば、「ハカれないものは、存在しないのと厳密に同じ」。ハカれるからこそ存在となり、意味が与えられるのです。

この本では、その「ハカる力」を主題にしています。

それは、謀るでも、図るでも、諮るでもなく、測る、量る、計ること。そしてそれは、定規をつくって、あてて、試して、見抜くことなのです。

対象の中に潜む「真実（インサイト）」を。

なのにヒトの「ハカる」力は、どんどん落ちてしまっています。

2010年3月、脚本家の倉本聰《そう》さん[1]が、26年間続けた「富良野塾[2]」を閉じま

[1] 脚本家・劇作家・演出家。代表作は『北の国から』（フジ）、『前略おふくろ様』（日テレ）など。

[2] 若手俳優と脚本家養成のために開設された私塾。受講料は無料で、塾生は2年間共同生活をする。卒業生は380名。

した。

「非力だった」「結果はあまり、出なかった」。75歳の決断でした。

彼は、言います。

今の若者に一番足りないのは「想像力」だ。

情報はネットから入ってくるから自分で考えない。一次情報から類推して考えたり、新しいものを編み出したりすることがない。「優しさごっこ」の中で、親、教師、子ども、の劣化のスパイラルが回ってしまっている、と。

社会として、これはもっとも憂《うれ》うべきことのひとつでしょう。

日本を支えてきた、ものづくりの現場においても同様です。

トヨタを初めとしたトップ企業がリコール問題に揺さぶられています。コツコツ積み上げたコストダウンとブランドが、すべて吹き飛ぶほどの衝撃です。

トヨタは２００９年、「フロアマットにアクセルペダルが引っかかる不具合」で、全世界13車種、８１０万台がリコールとなり、その後の「急発進」バッシングや巨大訴訟の発端となりました。さらに、09年型プリウスは「状況によって０・０

6秒の空走感が出る」ことで日米欧43万台のリコールとなりました。

これらもまた、計測・測定の問題です。

ただしそれは、単なる品質のそれでなく、ヒトがどう使うのか、どう感じるのか、をちゃんと把握・理解できたのか、という面での問題だったのです。

一方、個人や組織として開き直ってしまえば、これは大きな機会《オポチュニティ》でもあります。

みなが当たり前のことをやれなくなってきている。自分で考え、既存の情報をハカり直し、そこから新しい意味を見出すことができなくなってきている。

だったら、その力をちゃんとつけましょう。

「ハカる力」を持つだけで、人生や組織の運命は大きく変わるのです。

新しいハカり方を創った者が勝つ

「ハカる力」はヒトや組織を大きく変えます。

メートル法を初めとした「ハカるための基準」は、それを自国に有利に定めようとする大国間の戦場ですし、民間のそれ（ＩＥＥＥなど各種国際標準化委員会）も、大手企業が俊英を数百人規模で無償提供する利益創造の場なのです。

企業の活動でも、イノベーションの陰には、必ず「新しいハカり方」が潜んでいます。

グーグルは検索ワードから個々人の「今の関心事」をハカり、それと広告とをつなげて、時価総額４８００億ドルの会社となりました。

マイクロクレジット（少額融資）のグラミン銀行は、貧困層個々人の「返済能力」を、高コストな与信審査や担保評価でなく、利用者たち自身による相互の信頼でハカって、融資の利用者を８００万人[3]にまで拡げました。

この本では、ハカることの「力」を、

「ボトムアップ」
「トップダウン」
「ヒトをハカる」
「つくってハカる」

[3] グラミン銀行に始まったマイクロクレジットの仕組みは、いまや世界数十ヶ国に拡がり、利用者は2億人を超える。

「新しいハカり方を創る」

の順で、解説していきます。ひとつひとつから、きっと新しい学びがあるでしょう。

でも、その学びをそのままに溜め込んでいても、仕方がありません。学びを読者自らの「技」とし「力」にする一助として、演習問題とケース（企業事例）を用意しました。

演習問題は「FF対ドラクエ」「渋滞問題」「入浴時間」「アフターサービス満足度」の4つ、事例やケースは55を数えます。

これらは私が、K.I.T.虎ノ門大学院をはじめとした社会人教育、BCG・アクセンチュアでの社内コンサルタント研修、そして子ども・親・教員向けの授業・講演の場でつくり上げてきた、必殺の研修素材でもあります。

ぜひ、ご自身で、そして職場や家庭で、活用してください。

ではまず、ハカることの意義や価値から話を進めましょう。

ハカるって、凄いのです！

目次

第4章 基本「ハカる」演習

第7章 応用「新しいハカリ方を創る」ケース …… 227

序　章

「ハカる力」が世界を変えてゆく

ジャンプが必要な時代に、どうやったら立ち向かえるのか。ちゃんとハカることの力、試しにつくってハカることでの桁違いの成果、新しいハカり方を創造することのインパクトを体感しよう。

イノベーションは「ハカる」ことから始まる

改善（だけ）でなくジャンプが必要な時代

あなたの仕事で、成果として求められていることはなんでしょう。

改善か、それとも革新か。

多くのビジネス現場で必要な（＝足りない）のは、革新的な商品やサービス、そしてそれにつながるような調査結果や発見です。

なのに、職場にあふれるのは硬直的なルーチン作業ばかり。そこから出てくるアウトプットは、当然つまらないジャンプのないものばかりです。

上司は「発想をジャンプさせろ」と叫びますが、自分自身がそうでないから、どうすればいいかの指導はできません。部下たちも、言われるまでもなく頑張っていますが、パソコンを前に「座って悩む」ばかりで時間だけが過ぎていきます。結局面白いアウトプットはゼロ。ゆえに生産性は、ゼロです。


そういった仕事の中で、あなたに求められる力はなんでしょう。

問題解決力か問題発見力か。論理思考か発想力か。

必要なのは、ジャンプのある面白い商品・サービスのアイデアであり、その前提となる世の中の（見過ごされていた）変化、もしくは大変化の予兆です。

それらを見つけ、生み出すために、必要な（＝足りない）力は、実は**「ハカる」力**なのです。

ただしこれまでとは、**違ったものを対象に、違った方法で測定し、それらを組み合わせてインサイトを絞り出すための力**、です。

・「ハカる」ことの基本がわかれば、一次情報からインサイト[4]を見つけられる
・3つの「ハカる」挑戦領域を自らの技にできれば大きなジャンプ[5]が得られる

4 insight（隠れた本質や意味合い）。ちなみにホンダのインサイトはもともと「世の中の動きを深くとらえて、環境技術や走る楽しさを提案していく観察眼を持ったクルマ」という思いを込めて命名された、とか。

5 仕事でも、キャリアでも！

ジャンプが必要な時代に、多くのヒトに必要なのは天才的センスでも超人的努力でもありません。新しい「ハカる」力たちなのです。

すべてのモノゴトの定量的メカニズムを見抜く

ハカることの対極にある姿勢は、「感覚的に重要（そうな）要因を羅列すること」です。

たとえば「売上が増えるには、景気好転と人口増が必要だ」なんて言っちゃうのがそれです。内容的にはその通りですが、こんな主張、なんの役にも立ちません。「好転」ってどのくらい良くなればいいのでしょう。「人口増」ってどれくらい増えればいいのでしょう。他にも要因はないのでしょうか。この2つだけ改善すれば、その結果として本当に自社の売上が上がるのでしょうか。

それらが何もわかりません。ゆえになんの打ち手にもつながりません。

ハカる姿勢とは、重要な事柄（ここなら売上増の分析）**にあたって、曖昧な表現を許さず、重要な要因を選び出し、それらがちゃんと因果関係にあることを示**

すことです。

この例でいえば――、

・GDP成長が1ポイント上向いたとき、自社売上は5%向上する
・商圏人口が1%増えたとき、自社売上は2%向上する
・その他の外部要因が変動しても、自社売上にそれ以上のぶれは生じない
――といったようなことを示すことです。

これを方程式的に示せば、《自社売上増≒(GDP成長率変化×5)+(商圏人口増加率×2)》となるでしょう。[6]

つまり定量的メカニズムを見抜く、とは――、

①定性的表現に留まらず、定量的もしくは具体的指標に落とし
②ダイジな要因(だけ)を見定め
③それらと目的(売上増やブランド向上等々)との因果関係を確認する

ことであり、それこそが「ハカる力」の根源なのです。

6 本当は2つの要因は足し算でなく、掛け算。

言葉を数字に落とす

曖昧な表現を廃して、主張を具体的・定量的にするとき、もっとも明確なのは数字で表すことです。たとえば「市場シェアが高い」でなく、「市場シェア30％」と。

しかし、30％が「高い」かどうかは競合状況によります。シェア50％の敵がいるなら、30％が高いとはいえません。でもシェアトップで2位が20％だったら、高いといえるでしょう。

そのときは、「シェア30％、相対シェア[7]は1.5」と表現すれば完璧です。

このように、言葉を数字に落とすことは、結構面倒なのです。かつ、われわれはそういった感覚的表現を無数に使ってしまっています。曰く、

・この分野では敵が強い
・顧客とのリレーションが効く
・流通を押さえれば勝ち

7 最大の敵と自社とのシェア比。1位なら2位が相手、2位以下なら1位が相手となる。

たとえば、「押さえる」って何でしょう。

今どきメーカーが完全にコントロールできる流通なんてあるのでしょうか。結果としてどうなっていれば、流通を押さえたことになるのでしょう。

それを、置かれた状況下で真剣に考えることです。

- カバー率90％：流通チャネルの9割が自社商品を取り扱っている
- 専売契約率70％：それらのうち7割が専売契約[8]を結んでいる
- 離反率3％：専売ディーラーが他社に寝返る率が年3％のみ

というふうに、数字に落としていきましょう。単純なところからでいいのです。

「押さえる」ってどういうこと？「強い」って何が何％の状態？逆に「弱い」とは？

議論をきちんとぶつけ合おうとするとき（つまり、明確な意思決定をしようとするとき）、そのベースとなる（べきな）のは、数字です。

決して、発言者の情熱や気合い、声の大きさであってはなりません。たとえ今、

[8] 専売契約が難しくても、店頭の棚の60％以上を占める、としていいかもしれない。業種や商品・サービスですべて異なる。

自分や周りがそうだったとしても、それを唯一、覆しうるのは数字による議論、かもしれません。

感覚を行動に落とす

ヒトの感覚的コメントや回答は、極めてあてになりません。

営業担当者のインタビューで、みなが「競合とぶつかってもだいたい勝てる」と言うので、それを信じていたら実は、勝率が4割しかなかったこともあります。

だから、感覚的コメントやアンケート回答は、鵜呑みにしないこと。

信じるのは「行動」です。実際にそのヒトがとった行動だけを信じるのです。

だから、**意向でなく実績を尋ねます。**

- 意向「他より5％高くても、このエコ商品を買いますか？」
- 実績「他より5％高いあのエコ商品を、実際に買いましたか？」

それが、感覚を行動に落とす、ということです。

ユーザーに対する満足度調査にしても、ただ満足度を尋ねてどうしたいのでしょう？　部門別の評価？　去年との増減？

もしその調査目的が「口コミの増加による売上増」なのであれば、ズバリ「その商品・サービスを推奨するか」と聞きましょう。いや、**感覚より行動、意向より実績です**。「実際に推奨したか」を調べましょう。

- 「満足しましたか？」ではなく「ヒトに奨《すす》めますか？」
- 「奨めますか？」ではなく（しばらく経ってから）「実際に奨めましたか？」

をハカることで、その顧客満足度調査はもっと価値あるものに変わります。

もちろんこの2つを、別々にハカってもいいでしょう。

高い回収率が見込める、販売もしくはサービス直後に満足度や推奨「意向」を尋ね、回収率が下がる事後の調査では、推奨「行動」を調べるのです。

これらを組み合わせることで、全体の推奨行動数を推定する（ハカる）ことができるでしょう。

「ハカる力」の基本と挑戦3領域

「ハカる」基本の枠組みづくりでインサイトを絞り出す

何かアウトプットしようとしても、何も出てこない、もしくは出てきても面白くない……。よくあることですが、それはインプット（ネタ）が足りないか、ツマラナイかのどちらか[9]です。

ただいずれにせよ、そこで座って悩んでいても、ムダ。まずはインサイトのあるネタを、ひとつでいいから見つけ出しましょう。

そのための力がまさに「ハカる力」の基本力なのです。

[9] もちろん他にプロセッサー能力が不十分、という場合もあるが、それは別書に譲る。

図1　「ハカる」の基本型

1　ボトムアップ型

多くの一次情報を処理 ► インサイト

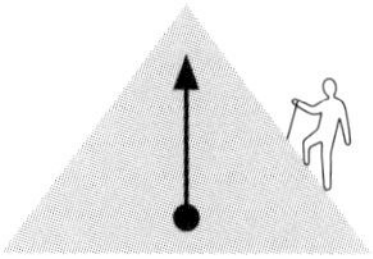

2　トップダウン型

仮説を立てる ► 一次情報を限定収集 ► インサイト

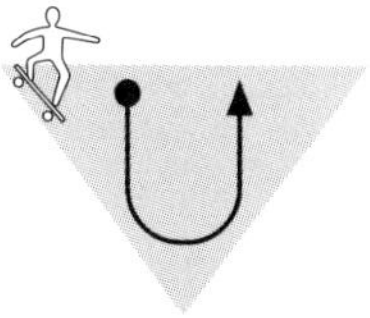

面白いネタがないといっても、一次情報（顧客アンケートや購買記録等）がいっぱいある場合と、そうでない場合があります。

いっぱいあるなら、それを上手く処理（ハカる）してインサイトを絞り出しましょう。それが「ボトムアップ型ハカる」です。

なければ、一次情報を集めることからスタートです。そのときには、何をどうハカったら意味あるインサイトが出るか、ちゃんと仮説を考えなくてはいけません。

これが「トップダウン型ハカる」です。

ただ、いずれの場合も、基本はその「枠組み」づくりにあります。

軸（何をハカるか）を決め、

目盛り（どんな塊でまとめるか）を刻み、

いくつかのデータを**組み合わせる**。

それが対象を「ハカる」ということなのです。

この後の1章・2章で、具体例を交えながら、その「枠組み」づくりの技を鍛えていきましょう。

「ハカる」挑戦3領域でジャンプする

さて、基本ができるようになったからといって、それだけでジャンプのある商品・サービスのアイデアや、そのネタが見つけられたり、それを世に出す力が付いたりするわけではありません。

3つの新しい「ハカる」に挑戦しましょう。

図2　3つの「ハカる」挑戦領域

1　モノではなく　――**ヒトをハカる**

2　頭で考えるのではなく　――**つくってハカる**

3　これまで通りでなく　――**新しいハカり方を創る**

これまでも、ヒトはさまざまなものをハカってきました。

まずは売上高をハカり、次にコストや品質をハカっていたのが80年代まで。収益に効くとわかって、在庫もまじめにハカり始めたのが90年代、でしょうか。

でも未だに巨大なリコールは頻発し、陳腐化した在庫は値下げの末に捨てられています。そういう意味では、在庫や品質をハカる力にも、まだまだ向上の余地があるのでしょう。

しかし**今、向上させなくてはいけないのは、売上「増大」のためのハカる力です。**それこそが、元気な企業とそうでない企業を分けている点なのですから。

３Ｍ、日東電工、ヒロセ電機、アイリスオーヤマ……。いずれも経営目標に「新商品比率」[10]を掲げてきた企業たちです。そして、それらは業界他社に比べて、極めて高い新商品比率と同時に、高い収益性・成長性を誇っています。

そんな新しい商品やサービス、ビジネスを企画し、導入するにあたって、どこでどんな「ハカる力」が効くのでしょう。

それは、

企画の段階では**「ヒトをハカる」**、

導入段階では**「つくってハカる」**、

そしてビジネス革新のためには**「新しいハカリ方を創る」**ことなのです。

[10] 新商品（過去３年間に導入されたものなど）の売上高を、全売上高で割ったもの。

「ハカる力」が世界を変えてきた

ケース❶「ハカる」の基本

セブン‐イレブンの米国法人再生法

1991年、日本のセブン‐イレブン（7‐11）は、本家米国の7‐11を傘下に収めました。もともとのフランチャイザーである米サウスランドが経営に行き詰まったためです。

子会社化後、7‐11は米国オペレーションの再生に、乗り出しました。

日本の7‐11は「ハカる」ことの権化《ごんげ》です。

売上を単品ごとにハカり（POS）[11]、誰が買ってくれたか（顧客セグメント）をハカり、店頭在庫をハカって、それらの情報を組み合わせて、個々の店舗スタッフが発注（GOT）[12]業務を行っています。03年からは、500億円を投じた「第6次総合店舗情報システム」が導入され、その店舗オペレーションを支えています。

しかし、米国オペレーションの再生のためにまず用いられたのは、その強力な情報システムではなく、「手での単品管理」でした。

まずは米国本部の幹部やスタッフに、「単品管理」「仮説・検証」の思想を根付かせねばなりません。そして、各店舗のオーナーやスタッフ自身に、在庫管理や発注業務に取り組んでもらわねばなりません。本部からの押しつけでは、ダメなのです。

そのためにまず、本部では全米の店舗から上がってくる販売・在庫情報を、一枚一枚手で整理させました。

「販売数は在庫数と組み合わせないと意味がない」

「1個しか売れなくとも、在庫数がゼロだったとしたらヒット商品なのかもしれ

11 Point of Sales（販売時点管理）。7-11は87年に導入。

12 Graphic Order Terminal。7-11は最初の電子発注システム（EOS）を83年に導入。第6次システムでは販売データ、商品情報、天候、イベント情報などが売場で確認可能。

ない。逆に、10個売れても在庫が100なら過剰在庫品となる」
「それらを店舗ごとに積み上げよ！」
大量の店舗別・商品別の販売・在庫情報から何が読み取れるのか。その訓練は何ヶ月も続きました。

その他多くの改革の成果もあり、米7-11の販売は94年には回復を見せました。それでも日本式のPOSやGOTが導入されたのは、買収から6年も経った97年末からでした。

学び

本家米7-11を救ったのは、情報システムではなくヒトの「ハカる力」

ケース2　ヒトをハカる

子どもの足はE以下ばかり（アシックスとミズノ）

ＪＩＳ基準による標準の（日本人の）足幅は２Ｅです。日本人は幅広の足が多いということで、成人男性向けのシューズは３Ｅが多くなっています。

その中で２００４年にはアシックスが、06年にはミズノが相次いで幅の狭いナロータイプの子ども向けシューズを発売しました。「メキシコナロー」と「ランキッズＮＲ」です。

ＪＩＳでいえば、２Ｅ（キッズ15㎝で足囲１６２㎜）より細いＥ（同１５２㎜）からＤ（同１４６㎜）にあたるもので、これまでは「例外的」と国内では生産されてきませんでした。それが今、売れています。

近年、外反母趾《がいはんぼし》の子どもたちが急増しています。

子どもたちの２割に、その傾向があるとの報告もあるほど。土踏まず[13]の消滅（扁平足《へんぺいそく》）が騒がれたのに続いての危機です。

外反母趾はこれまで、成人女性に多いものでした。ヒールが高く、かつ、つま

[13] 土踏まずは人間特有のもので長時間二足歩行をするために必須で2〜6歳の間に形成される。しかし近年では小学生の3割程度が扁平足。遺伝もするが、生活習慣によって改善される。

先が細い靴によって、極端に親指が圧迫された結果です。

子どもたちはもちろんハイヒールによってそうなったわけではありません。原因は、運動不足と「幅広な靴」でした。[14]

運動不足によって子どもたちの足は、扁平足になり、そして細くなっていきました。アシックスの調査によれば幼児の31%、小学生の34%が2Eではなく「E以下」の足幅なのです。さらに3次元足形測定器を使ったミズノの調査によれば、幼稚園児の53%が「E以下」でした。

幅広すぎる「ふつうの靴」の内部で、子どもたちの足は支えを失い、前に押しつけられていました。大人より遥《はる》かに柔軟な子どもたちの骨は、それを甘受《かんじゅ》し変形して外反母趾になってしまっていたのです。

子どもたちの足を鍛え直し、しっかりしたものにするためにも、足に合った靴は必須です。子ども靴メーカーたちは、ハカり、そして理解したのです。これほどに「ナロータイプ」の靴が必要とされていることを。

14 他に、大きすぎる靴、小さすぎる靴、も問題。どちらもつま先が圧迫される。

学び

子どもたちの足を救ったのは、地道な「足幅計測」。基準は与えられるのではなく、自分でつくるもの

ケース3　つくってハカる
「デュオドック」の試作力（IDEO《アイデオ》）

世界屈指のデザイン会社であるIDEO[15]。古くはアップルと共につくったLisa《リサ》用のワンボタン・マウス、PDA[16]として初めて大きな成功を収めたパームV、そして無印良品の壁掛け式CDプレーヤーも、IDEOの手によるものです。

1992年、アップルは独創的なノートブックPCを世に送り出しました。F

15 仕組みについては『発想する会社！』、人材については『イノベーションの達人！』が詳しい。

16 Personal Data Assistance。

DDもCD-ROMも何もない、超薄型、超軽量（1.9kg）の「パワーブックデュオ210」です。これを卓上に置いた「デュオドック」に閉じた状態で格納すると、処理能力がアップし、デスクトップ機と同等の性能を発揮する、という代物《しろもの》です。

ここで、デュオドックへの収納方法が問題になりました。

アップル側が考えていたのは、デュオを手で入れて機械式にカチリと留める方法。確実で安価です。

でもIDEO側は「ビデオデッキ」方式が好きでした。閉じて平たい板状になったデュオを、ドックの入り口に差し入れるだけで自動的に中に吸い込まれて固定され（オートローディング）、自動的に起動する。これこそクールです。[17]

「ビデオデッキ式では高コストで開発期間も伸びる」と渋るアップル側を説得するために、IDEOの開発担当者は賭《か》けに出ました。機械式の開発を止めて、ビデオデッキ式の試作をするようチームに命じたのです。期限は2週間！

コストの問題は、玩具用のモーター（1ドル強）を利用することで乗り切りました。そして、10以上の試作品をつくって、改良を続けました。

17 BCG東京オフィスでも当時デュオを導入。「ウィーン、ガシャ」は感動だった。気分はマジンガーZ！

図3　DuoDock

写真引用元：（左）http://www.vectronicsappleworld.com/
：（右）Wikimedia Commons 「PowerBook Duo 280c」

２週間後、発注元であるアップルの担当者は試作品の出来に感動し、みなに見せて回り、その場で権利を買い取ったといいます。

その試作品が置かれたアップル社内の会議室は、まるで展示場のように大勢の人を集め、当時のＣＥＯジョン・スカリーの心も動かしました。

デュオドックが生まれた瞬間です。

学び

アイデアの持つパワーを引き出し、共有してもらうために、試作品は有効。良い試作品は、そのアイデアの持つ「感動」レベルをハカる手段でもある。

ケース4 新しいハカり方を創る

関心事を検索ワードでハカる（グーグル）

これまでハカられていなかったものを新たにハカり、それを広告とつなげただけで60兆円の価値を生み出した企業があります。

それがグーグル[18]です。

メインサービスのウェブ検索Googleは、かなりの後発サービスでありながら、なぜこれほどの人気を集めたのでしょうか。それは「自分の関心に近いウェブ頁《ページ》

[18] もともと検索エンジン名をgoogol（グーゴル）と登録するつもりが、googleと綴り間違えた。1グーゴルは10の100乗という巨大数。1998年創業、売上高660億ドル、純利益144億ドル、従業員5万人を超える（2014年度）。

がちゃんと検索結果の上位にくる」という根源的な価値があったから。

ウェブ頁同士のつながりをすべてハカって、独自のランキングを計算したことで、これが可能になりました。互いに参照（リンク）し合っている場合は共にランクを上げる、一方通行だとちょっとだけ、とか。

インターネット上にあるすべての頁は、グーグルによりいったん貯められ、ハカられ、計算されて、ランキングされます。ヒトはそれに対して、検索ワードを打ち込んでいくわけです。

グーグルはそこで、個々人の検索ワードからその関心をハカり、それにあった広告を選んで表示するサービス、「キーワード広告」[19]を創り出しました。

ある人が入力する検索ワードは、その人がその瞬間、興味・関心のあることを端的に表しています。そこに、それにあった広告を選んで、ぶつけるのです。

これまでの広告手段ではそれができませんでした。

ある番組を見ているからといって、何に関心があるかは人によってバラバラです。自動車雑誌を読んでいたって、新車を買うのは10年先かもしれません。

[19] 元祖はoverture。キーワードとして広告単価が高いのは日本で「探偵」、韓国で「整形」だとか。

でも、「マンション」「二子玉川」と検索しているヒトがいたら、地元の不動産屋さんとしてはかなり有望な見込客となります。付近に高層マンションを分譲予定の大手のディベロッパーとしてもそうでしょう。だから広告費がグーグルに流れ込んだのです。

一律的なバナー広告やマス広告の限界を、ただの（優秀な）検索エンジンが、大きく打ち破りました。

学び

ヒトをハカる技術と、それをビジネスにつなげる仕組みが新世界を創り上げた。

グーグルはヒトの「今の関心事」をハカった！

ハカるを意識すればもっと良い商品を効率よく生み出せる

7‐11、アシックスとミズノ、IDEO、グーグル。4つの「ハカる」事例を見てきました。

1　ハカるの基本

情報を集め、組み合わせることで効率的業務ができる。

・販売と在庫情報を単品ごとに組み合わせる↓ムダやロスのない商品発注

2　ヒトをハカる

基準を定めてハカり直すことで新商品群が生まれる。

・子どもたちの足の幅を立体測定↓新しい子ども靴の基本デザイン（細め！）

3　つくってハカる

試しにつくってみてからハカることで、商品力がわかる。

・デュオドックの試作を10回繰り返す↓アップルを説得し商品化決定

4　ハカり方を創る

それまでハカれなかったものをハカれる方法を創り上げることによって、大きな発見、ビジネス創造が成し遂げられる。

・個人のネットでの検索ワード↓ヒトの今の関心事（これに広告をつなげた）

ヒトは、あらゆるものをハカっています。あるときは自然に簡単に、そしてあるときは苦労してお金をかけて。

特に商品やサービスの企画・導入、新ビジネスの創造においては、多くの場面で「ハカる力」が必要とされます。ゆえに「ハカる力」を鍛えることが、科学やビジネス、そして人生でも大きなジャンプにつながるのです。

まず**第Ⅰ部は「ハカる力」の基本から**。一次情報から価値あるインサイトを絞り出せるように、そして貴重な一次情報を得るための枠組みを考えられるようになりましょう。その後、**第Ⅱ部で3つの「ハカる力」強化に挑戦です**。ヒトをハカる、つくってハカる、ハカり方を創る力、を鍛えましょう。

準備はいいでしょうか。意識を、「ハカる」ことに向けましょう。

ハカるって、凄いのです。ハカる力は、きっとあなたの人生を変えていきます。

コラム T‐REX（暴君竜）の真実

エサの化石をハカって組み合わせて知る

思い出してください。つい最近まで、ティラノサウルス（T《ティ》‐REX《レックス》、中国語では暴君竜）はすっくと立っていました。カンガルーのようにしっぽをしっかり地面につけ、短い手を前にして、胸を大きく張って。そう、日本式ゴジラ[20]のように。

でも、化石を調べ（ハカって）、関節と体のバランスを研究した結果、それはムリだとわかりました。バランスが、とれないのです。最近では後ろ足を中心として、しっぽと上半身（大きな頭を含む）でヤジロベイのようにバランスをとっていたと修正されています。

20 本当は逆で、当時のティラノサウルスの復元図をもとにゴジラはデザインされた。背中のひれはステゴザウルスのそれからとか。ゴジラ映画第1作は1954年、T‐REXの発掘・復元は1900年前後。

図4　ティラノサウルスの描かれ方

今、T-REX最大のナゾは「本当に強かったのか」「何を食べていたのか」です。

あごの力はワニの数倍で文句なし。でも足の速さには諸説あります。推定の体重が定まっていないせいもあって、「走れない」から「時速50㎞」までさまざまです。

T-REXの成体と幼体の化石が群れで見つかったことで、「家族で狩り説」も出てきました。足の速い幼体がエサを追い立てて、待ち伏せていた成体が仕留めていたのではないかというものです。

その中で、多くの既存のサンプルを「横

並びに調べた」ことでわかったことがあります。[21]

ハカったのは、「お腹の中の骨の量」でした。ちゃんとエサを食べていたなら、そのエサの消化中の姿が化石としても相当量、残っているはずだ、と。

ところが、エサの骨の痕跡は、異常に少なかったのです。エサが成体だったらこんなことはありえません。なぜなのでしょう。

答えは、現代の暴君たるライオンたちの食性から見えてきます。ライオンたちの主たるエサは手強い成体でなく、捕まえやすく骨の柔らかな（消化されやすい）幼体です。そう、史上最強のプレデター（捕食者）Ｔ－ＲＥＸですら、エサは幼体だったということなのです。

既存の情報でも、基準をつくってハカり直せば、まったく新しい発見があります。これは、化石という既存の一次情報を、横並びに「組み合わせる」ことでの大発見でした。

21 生物種の「大絶滅」も、既存の種ごとの絶滅情報を横断的に組み合わせることで発見された。

第Ⅰ部

「ハカる力」の基本を身につけよう

第 1 章

まずはスケールづくりとグラフ化から

ただ闇雲にハカっても、ムダ。ハカるにはまずは、軸と目盛りと組み合わせからなる「枠組み」をつくること。そのためにも、どんなグラフにするかを常に意識しよう。

「ハカる」を定義する

ハカるとは共通の枠組みの中で量を定めること

一番身近な「ハカる」道具は、時計やタイマー、定規やメジャー、体重計やキッチンスケール、でしょうか。それぞれ、時間、長さ、重さを、われわれに数字で教えてくれます。

でもハカるとは、ただ「量」を細かい数字にすることではありません。

適切な基準があれば目盛りはひとつ（つまり値は1か0）でも十分です。シンデレラを見つけるために、王子がたったひとつのガラスの靴で、国中の娘の足をハカったように。

図5 「ハカる」枠組み

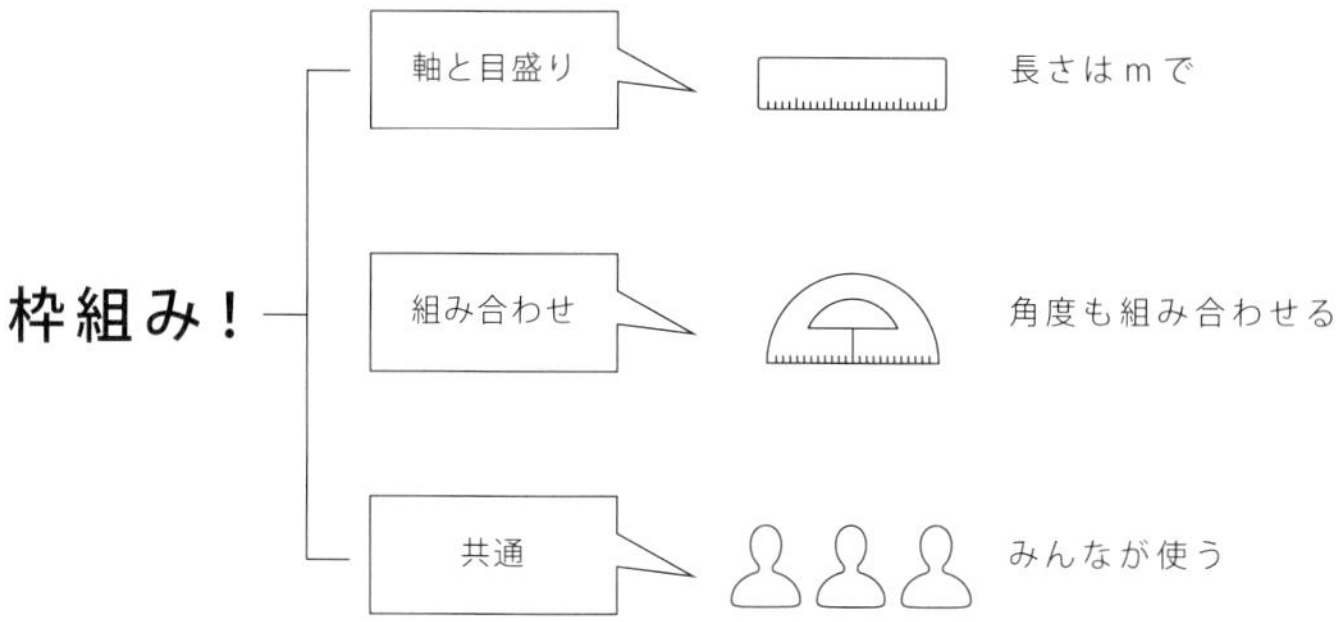

人間がハカる対象は、森羅万象に及びます。自然も社会も、感情も能力も、ヒトはすべてをハカろうとしています。その目的はさまざまですが、いくつかの共通点があります。

・共通のモノサシがある
・モノサシは軸と目盛り（基準）からなる
・たいていハカったものを組み合わせる（つなげる）必要がある

これらを「ハカる枠組み」と呼びましょう。今までにない新しい枠組みができたとき、私たちの目の前には新しい世界が広がります。

でもそんな新しいハカり方も、広まってこそ本当の価値が出ます。度量衡《どりょうこう》という言葉があります。度は長さ、量は容積、衡は重さ。それぞれをハカる道具が、物差《ものさし》、升《ます》、秤《はかり》と分銅《ふんどう》です。

秦《しん》の始皇帝[22]は、中国統一においてて多くのことをひとつに定めました。なかでも「文字」と「度量衡」の統一は、その権力を支える大きな力になりました。あるものをハカるのに、きちんと軸と目盛りを定める。そして、それをみなに等しく使わせる。それだけで「信用」が生まれ、ヒト・モノ・カネが流れるようになり、産業が盛んになりました。

始皇帝は、統一の「度量衡」を広めるために、中国全土に詔《みことのり》を刻字した分銅や升を大量につくって配りました。「文字」を統一するために、一般人が持つさまざまな文字からなる書物を焼き捨てさせました。それが焚書《ふんしょ》です。

ハカるとは「対象を数字にすること」だけではありません。始皇帝の度量衡や、これから紹介する藤田スケールのように共通の実用的なモノサシをつくり上げて、それを広めてこそ意味があるのです。

22 未決の書類が溜まるのを見かねて、一日一石（27kg）分の書類（木簡や竹簡）を決裁するというノルマを自らに定め、実行したとか。

ケース5 竜巻をハカる藤田スケール

2012年5月6日、茨城県と栃木県にまたがって複数の強い竜巻が発生し、2000棟を超える家屋が損壊、森林や農産物・工業品など10億円近い被害が出ました。負傷者は数十名に上り、自宅にいた中学生の男の子が、崩れた屋根の下敷きになって亡くなりました。

後に気象庁が発表したこの竜巻の強さはF3。推定される風速は7秒間の平均で推定秒速70～92m[23]、「列車が脱線転覆する」強さの竜巻です。

死者を伴う国内の竜巻被害は1990年以降で6件。今回の竜巻は、被害家屋の多さでは2006年9月17日に宮崎県延岡市を襲い、停止中の特急列車を転覆させた竜巻に匹敵するものでした。

国内でF2クラスの竜巻はほぼ毎年発生していますが、ひとつ上のF3は、過去30年で4件しか観測されていません。

世界中で竜巻の規模を示す尺度として使われているこの「F」は、日本人気象学者藤田哲也博士が提唱した「藤田スケール（F-Scale）」のFです。

[23] 時速では252～331km。

図6　竜巻をハカるEFスケール*

＊2007年以降米国で採用されている

階級	推定風速（m/s）	被害レベル	頻度
EF0	29〜38	軽微。 木の枝が折れる。	53.5%
EF1	39〜49	中程度。 屋根がはがれる。	31.6%
EF2	50〜60	大きい。 屋根が飛び木造住宅は破壊される。	10.7%
EF3	61〜74	重大。 列車が脱線転覆。森の木々は引っこ抜かれる。	3.4%
EF4	75〜89	深刻。 家全体が飛ぶ。車も大きく飛ぶ。	0.7%
EF5	90〜	壊滅的。 ビルも破壊される。大型トラックが飛ぶ。	0.1%

出所：Tornado Facts and Informationより三谷作成

その最高クラスはF５。竜巻の多い米国では、数年に一度これが発生します。

１９９９年５月のオクラホマ竜巻災害では、４日間でF５クラスを含む66の竜巻が50名の死者、11億ドルの損害をもたらしました。

そして２０１１年４月末の４日間、アラバマを中心とした南西部の諸州を、EF（改良藤田スケール）５クラス４つを含む４２５以上の竜巻が襲い、死者３５４名、１１０億ドルという米国史上最大級の自然災害となりました。

図7　竜巻とハリケーンの災害スケール比較

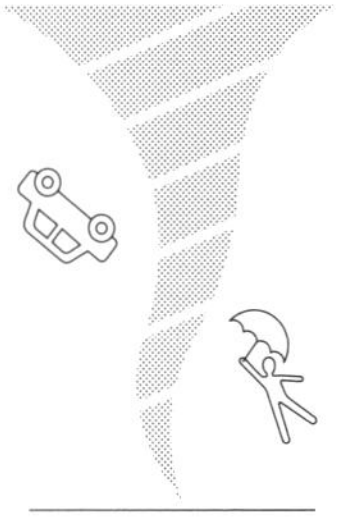

1　竜巻——藤田スケール

F0〜5 ＝ 推定風速 ← 被害レベル

2　ハリケーン——サファ・シンプソン・スケール

カテゴリー1〜5 ＝ 風速 → 予想被害レベル

スケールづくりの価値

藤田博士が１９７１年、50歳のときに提唱した藤田スケールは、彼の長年の竜巻研究の成果であると同時に、竜巻研究全体を大きく進めることになりました。

なぜでしょう？

たかだか、竜巻を大きさ別にＦ０からＦ５に６分類しただけで、なぜ研究が進み、彼は賞賛を受けることになったのでしょうか。

ここに藤田スケールの持つ２つの秘密があるのです。

藤田スケール（および改良藤田スケール）は、**「Fn＝推定風速＝家屋等の被害レベル」**という姿をしています。

一方、似たものにハリケーンの規模を示すサファ・シンプソン・スケールがあります。主に風速でハリケーンの規模をカテゴリー1から5に5分類し、**「カテゴリーn＝風速＝予測被害レベル」**という形をしています。

でも、何から何を推定するかがまったく逆です。ハリケーンでは「風速⇒予想被害レベル」ですが、竜巻では「被害レベル状況⇒推定風速」なのです。

ハリケーンがはるか大西洋沖で発生すれば米国海洋大気庁（NOAA）はすぐさま専用観測機「ハリケーン・ハンター」[24]を飛ばし、ハリケーンの中心に飛び込んでの直接観測を行います。そこで得た風速情報をもとに、ハリケーンの規模を分類し、被害レベルを推定するのが、サファ・シンプソン・スケール、なのです。

藤田スケールは観測しえないものを推定する手段

竜巻ではこうはいきません。発生が極めて局所的で短期間なために、そこに観

24 NOAA所有のものに加え、空軍の数十機がその任についている。

測機を向かわせることなどできませんし、万一間に合ったとしても、竜巻内に観測機を突っ込ませることなど不可能です。

大きさも直径が数十から数百mしかない（ハリケーンは数百㎞）ので、気象レーダーにもほとんど映りません。

いくら竜巻の研究を進めようとしても、それがどれくらいの風速のものかすらわからないのでは話になりません。

藤田博士は、家屋の被害そのものから、事後的に竜巻の風速を推定することを思いつきました。そして、上空から撮影された被災地の写真から、被害レベルを簡便に推定する手法を確立したのです。

米国では過去のデータに遡ってその分析・分類がなされ、どの程度の竜巻が、どこで、どれくらいの頻度で起きてきたのかが初めて解明されました。

改良藤田スケールで見ると、電車をも脱線転覆させるＥＦ３が竜巻全体の3.4％、家を根こそぎにし車をミサイルのように飛ばすＥＦ４は0.7％、そしてビルを破壊し大型トラックを数百ｍ飛ばすＥＦ５は0.1％未満です。

年間1000個前後の竜巻が発生する米国では、甚大《じんだい》な被害をもたらしうるEF4クラス以上の竜巻が、平均すれば年に10個以上起こっていることがわかりました。そして藤田スケールが世界に広まったお陰で、米国ではEF4クラス以上の比率が他国より高い（日本ではゼロ）ことも判明したのです。

藤田スケールによる「被害結果からの推定」で初めて、竜巻がきちんと観測・比較・研究できるようになったのです。

気象研究の存在意義は、どうやったら自然災害から人や財産を守れるのか、です。それを藤田スケールは体現しているのです。

「Fn＝風速＝被害レベル」、自然現象（風速）と社会問題（被害レベル）とをきちんと結びつけたこと。それこそが、この藤田スケールの本当の価値です。

有用なスケールをつくるということは、それだけで大きな価値を生み出しうるのです。

「ハカる」の基本動作はグラフにすること

どんなグラフにするか決めれば、枠組みが決まる

「ハカる」ことの基本動作は、軸を決め、目盛りを定め、組み合わせること。そして、それをわかりやすくするために、グラフにしたり図表にしたりします。

いや、待てよ。

わかりやすくするためにグラフにする、のではなくて、逆ではないか。

ヒトが理解できるものが、数字そのものでなくグラフだとすれば、それを先に

図8　どんなグラフにするかをまず考える

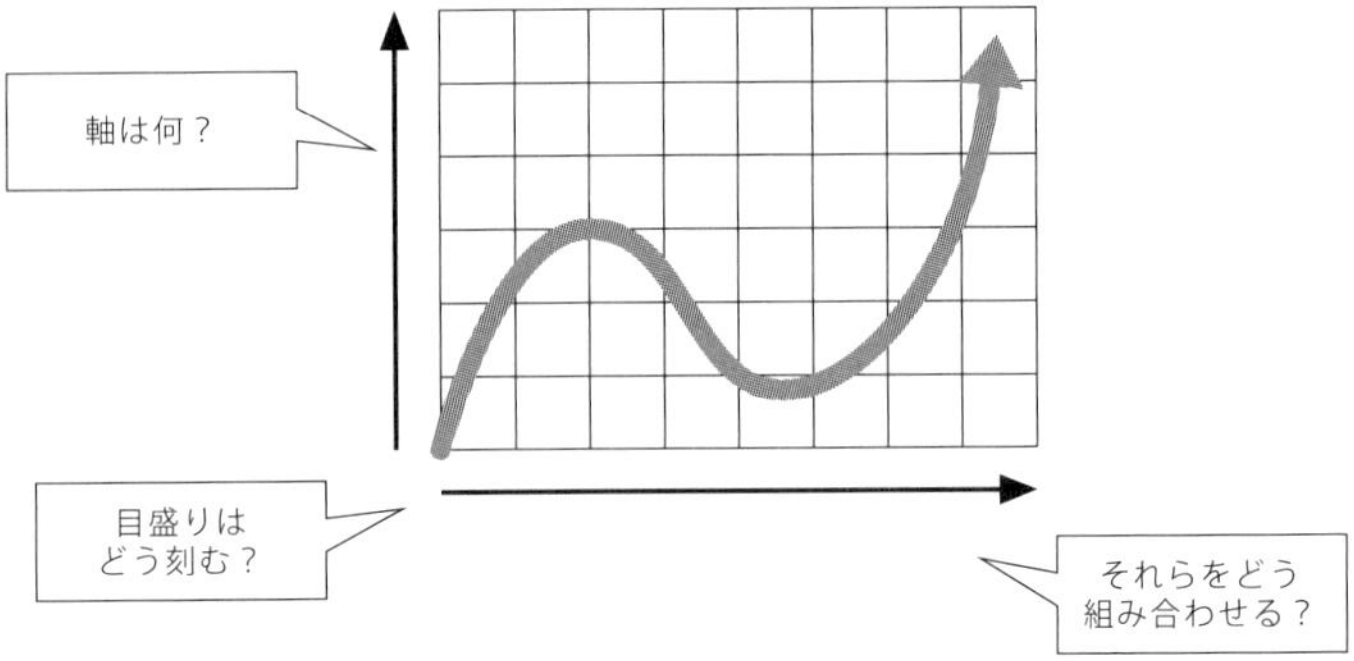
軸は何？
目盛りは
どう刻む？
それらをどう
組み合わせる？

考えるべきでは……。

何が言えそうで（言いたくて）、それはどんなグラフにしたらわかりやすいのでしょうか。もしかしたらそれはたったひとつの数字かもしれません。だったらそれは何を軸として、どういう目盛りを刻んで、ハカるものなのでしょう。

もしくはある2つの現象間の関係を示す、斜め上に上がる線がそうなのかもしれない。それをまずイメージしましょう。

イメージできたら、「ハカる枠組み」を詰めていくのです。（図8）

・**軸**は何か（2次元グラフなら2つ）
・**目盛り**はどう刻むのか
・それらをどう**組み合わせる**のか

本当に、それで言いたいコトが伝わるか、イメージ通りか、まずは頭の中でシミュレーションです。

グラフ化のために、軸を決める、目盛りを定める、組み合わせる

たとえば「国民が裕福になれば電化製品が普及する」と言いたいとします。だったら、どんなグラフで示すべきでしょうか。ふつうは、この2つ（裕福度と普及率）の2次元（平面）グラフでしょう。

では、ここからハカる基本動作の練習をしてみます。

図9　「豊かになれば家電が普及する」を言うために

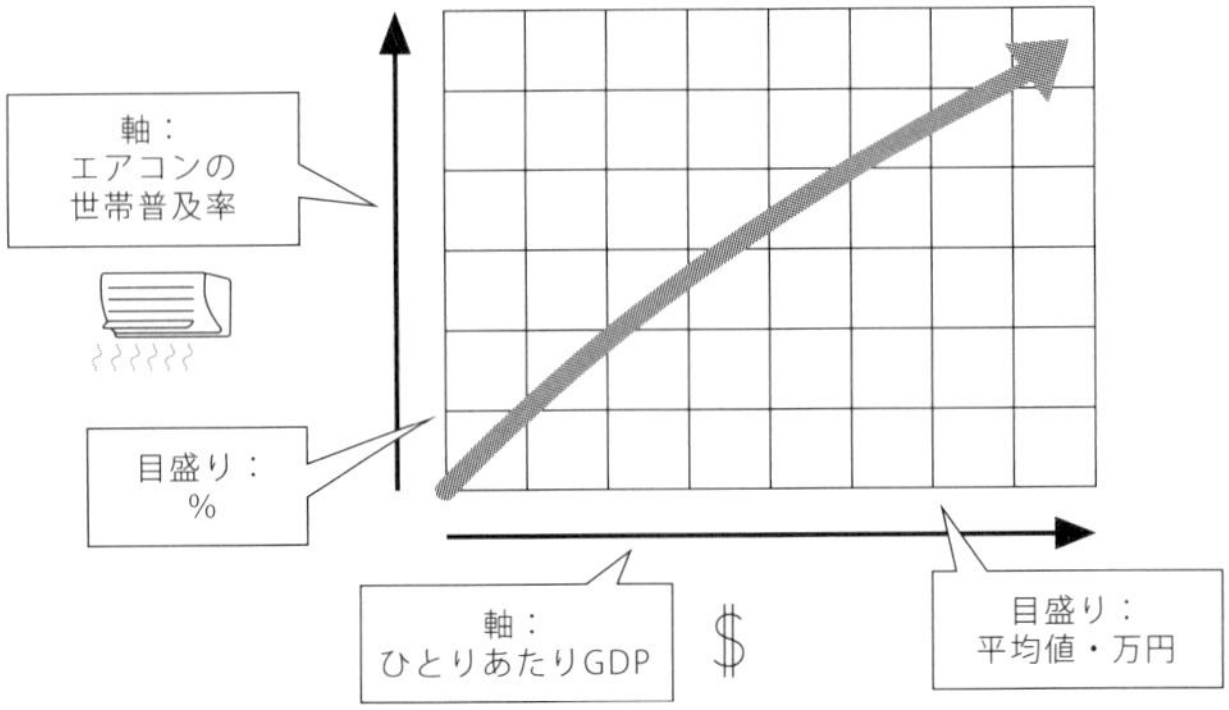

現在の世界全体を見たときに、各国の裕福さや家電普及を示すための「軸」は何で、その「目盛り」は何でしょう。

「軸」は、国民ひとりあたり収入と、エアコンの普及率でいきましょうか。「目盛り」としては、収入はひとりあたりGDPをドルで、エアコン普及率は全世帯への比率を%でどうでしょう。（図9）

でも本当は、軸のとり方も、その目盛りの刻み方も、いろいろあります。

図10 「ハカる」の基本動作

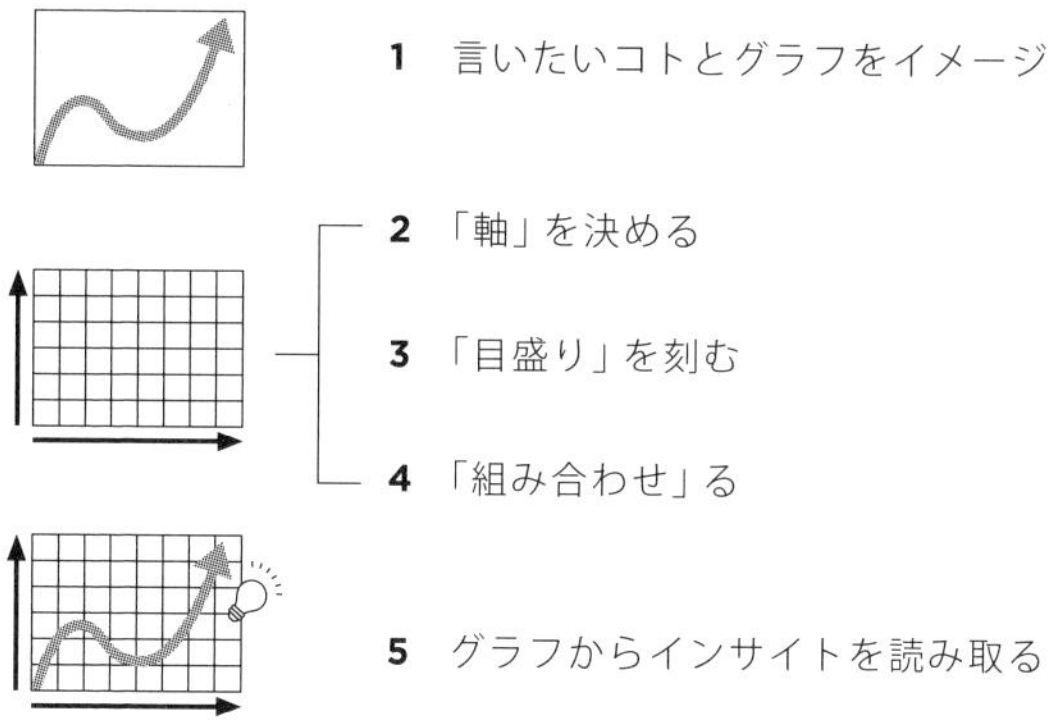
1 言いたいコトとグラフをイメージ
2 「軸」を決める
3 「目盛り」を刻む
4 「組み合わせ」る
5 グラフからインサイトを読み取る

軸としてはひとりあたり収入でいいのか、世帯あたり収入にすべきでは？エアコンでいいのか。他にもっとよく「電化製品」を代表するものはないのか？

そもそも、たとえば中国だったら、国全体の平均にはあまり意味がありません。都市圏別に発展レベルや収入格差が大きすぎて、平均値を見ても本当の傾向がわからないからです。

だから、少なくとも中国においてこのグラフを書く（言いたいことを示す）ならば、「都市圏別の世帯収入の中位数[25]」をとらなくてはなりません。

25 サンプル全体のうち、ちょうど真ん中にあたるサンプルのとる値。日本で言えば、貯蓄額の全世帯平均は約17百万円だが、中位数は10百万円に過ぎない。

グラフ化を目指して、軸を決め、目盛りを定め、組み合わせる。これが「ハカる」の基本動作なのです。（図10）

グラフからインサイトを読み取る

もちろんグラフは、書いて終わりではありません。そこからが本当の「ハカる力」の勝負が始まります。

グラフから何が読み取れるのか。**思った通りであってもなくても、そこには何かの理由があり、次につながる何かがあります。**

それこそが、ハカったことの価値なのです。

もともとの仮説と、ハカった結果（グラフからわかること）が一致することもあれば、しないこともあるでしょう。

一致したとすれば「仮説は正しかった」となり、検証されたという価値が生まれます。でも、仮説と一致せず、「間違っていた」となっても、悲観することはありません。ちゃんと論理的に考えてさえいれば、次に進めます。

「仮説を支えていた論理の、どこが、間違っていたか」を見つけましょう。前提が間違っていたのか、論理を構成するブロック（塊）が大きすぎたのか、ブロック同士のつなぎ方なのか。それをグラフから読み取るのです。

仮説なんてなくてもかまいません。どんどんいろいろなグラフを書いてみて、面白いことが言えそうか、頭をひねりましょう。軸を変え、目盛り方を変え、組み合わせを変えながら。

そのためのパソコン[26]です。決して1枚書いただけでウンウン悩まないこと。

さて、次章では「ハカる」基本を2種類紹介します。上（結論）から考えてハカっていく「トップダウン型」と、データから結論へと積み上げる「ボトムアップ型」です。

[26] パソコンとは、もちろんパーソナル（個人の）・コンピュータの略。昔の大型計算機だけの時代には、コンピュータとは時間を予約して使う、みんなで共用するものだった。

第 2 章

トップダウンとボトムアップ

なにを見つけるのか仮説を立ててからハカる「トップダウン」、いろいろハカってそこから何かを見つけ出す「ボトムアップ」。2つの「ハカる」を駆使して、論理思考と発想力を高めよう。

「ハカる」の基本構造1

トップダウン型「ハカる」

枠組みを先につくってハカるのがトップダウン型

最近、流行りのものに「論理思考（ロジカル・シンキング）[27]」なるものがあります。

論理的に考える、そのためのフレームワークや手順を学ぶ、というものです。

MECE《ミーシー》とかロジックツリーとか、結構複雑です。

27 論理思考系の本は200冊以上ある。照屋華子、岡田恵子の『ロジカル・シンキング』がバイブルか。

図11 論理思考の超基礎

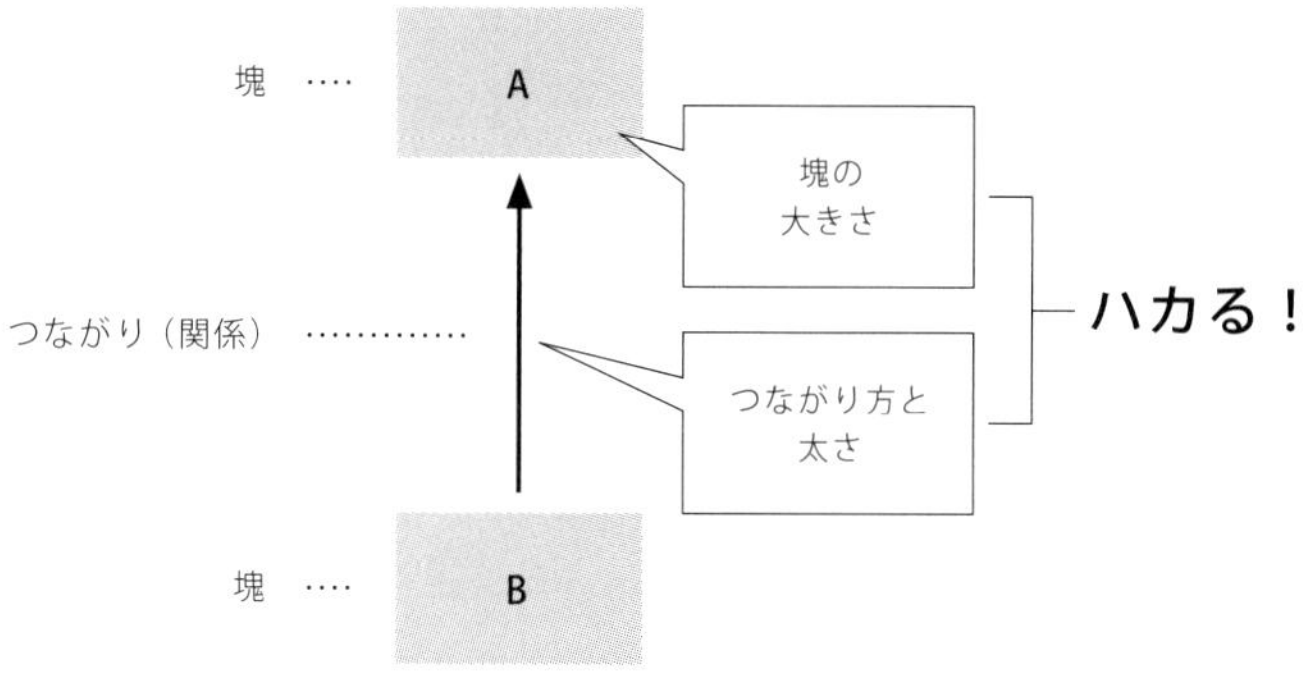

でも、論理的に考えるということをひと言で言えば、**「塊《かたまり》」（事実や意見）と「つながり」（関係）をつくること**です。

「A↑B」。これが論理的に考えることの基本式。A、B、が「塊」で、↑が「つながり」です。

至極《しごく》単純、ただこれだけのことなのです。これを**「重要思考」**と呼びましょう。

たとえばA＝交通渋滞、↑＝主たる原因、としましょう。そうすると、Bは？

そう、Bは「渋滞の主因」という塊になります。でも論理的というからには、塊やつながりが曖昧では困ります。それぞれ、ちゃんと証明されていなくてはなりません。

ここでいよいよ「ハカる力」が登場します。いや、きっと逆でしょう。ここまでトップダウン的に考えたからこそ、何をハカるべきかが明らかになったのです。何かを論理的に説明するために、ハカるべきことは、いつも次の2つです。

・塊の大きさを明らかにする
・つながり方とその太さを明らかにする

そのために、どうハカるかの枠組み（軸と目盛りと組み合わせ）をつくるのです。Aから先に考えていく思考および作業の仕方を、「トップダウン型分析」といい、別名「仮説思考」とも呼ばれます。

まあそんな名称はともかく、重要思考（論理思考の一種）とは、塊とつながりをつくること。

そして、トップダウン型の「ハカる」とは、その塊の大きさ（重要性）と、つながりの太さ（関係の強さ）を事前に考えること。**塊とつながり**です。それを忘れないでください。

では次は、渋滞を使ってのミニ演習に進みましょう！

ケース❻ 交通渋滞要因をトップダウン型で考えてハカる

日本国内で発生する交通渋滞は、年間延べ38億人時。国民ひとりあたり、丸1日半、車の中でじっと過ごしていることになります。経済損失額はなんと年12兆円。これを解消すべく、その主因を探りましょう。

A↑Bという重要思考の基本式で見れば、A＝交通渋滞、↑＝主たる原因、B＝渋滞理由、でした。**Bにはどんなものが、ありうるでしょうか？**

まずはいろいろ（大小は気にせず）探してみましょう。

答えを見る前に、ちゃんと自分で2分は考えて！

図12　交通渋滞の主な原因

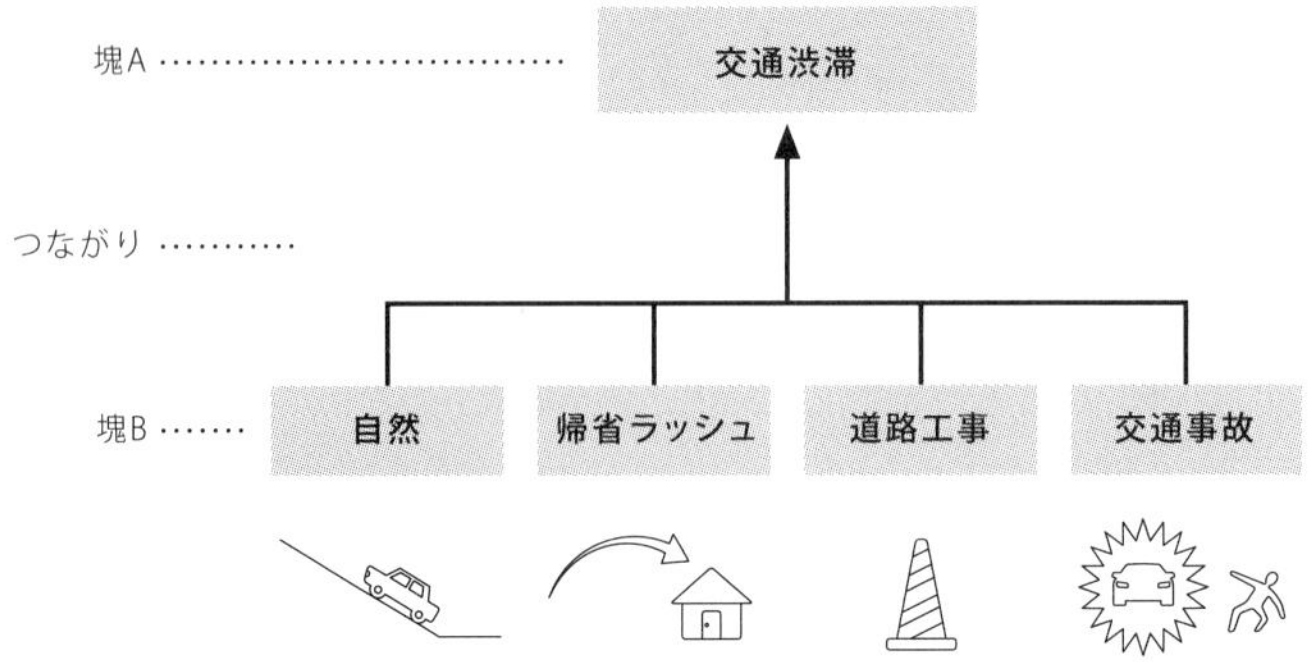

見つけ方は結構簡単です。「○○渋滞」という言葉を探せばいいのです。

「事故渋滞」「工事渋滞」「帰省渋滞（Uターンラッシュ）」、そして「自然渋滞[28]」など、いろいろあります。

これをさきほどの基本式で表現すれば、図12のようになります。

ここで「ハカる」が登場します。いったい何を、ハカるのか？　何をハカったら、「交通渋滞の主な原因」を論理的に示したことになるのでしょう。

28 正式には「交通集中渋滞」と呼ぶらしい。

・**塊の大きさ**↓他はともかく「自然」ってなんだ？　これでは大きさもわからない。中身を確かめよう

・**つながり方とその太さ**↓どれが渋滞の主たる原因と言えるだろうか。これをハカるには枠組みが必要だ

簡単なのは、それぞれによる渋滞発生件数をハカることでしょう。件数の多いものが太く、少ないものが細くつながります。

でもそれに、渋滞時間や渋滞に巻き込まれた車の数、などを組み合わせないと、本当の原因の「重み」はわかりません。

ではそれをハカりましょう（111頁の演習参照）。

これが、トップダウン型のハカる力、です。言いたいこと（主張）を最初に定めて、それを証明するのです。

「ハカる」の基本構造 2

ボトムアップ型「ハカる」

枠組みを後でつくり上げるのがボトムアップ型

一般の論理思考は、自分が今知っていることの中で（仮説や原因を）考えてから ハカるので、ジャンプしたいときにはあまり向きません。つまらない仮説を証明して終わったります。

現状を打破したいなら、まずは面白い仮説やアイデアをひねり出す（発想する）ことです。

図13　発想法と「ハカる」の関係

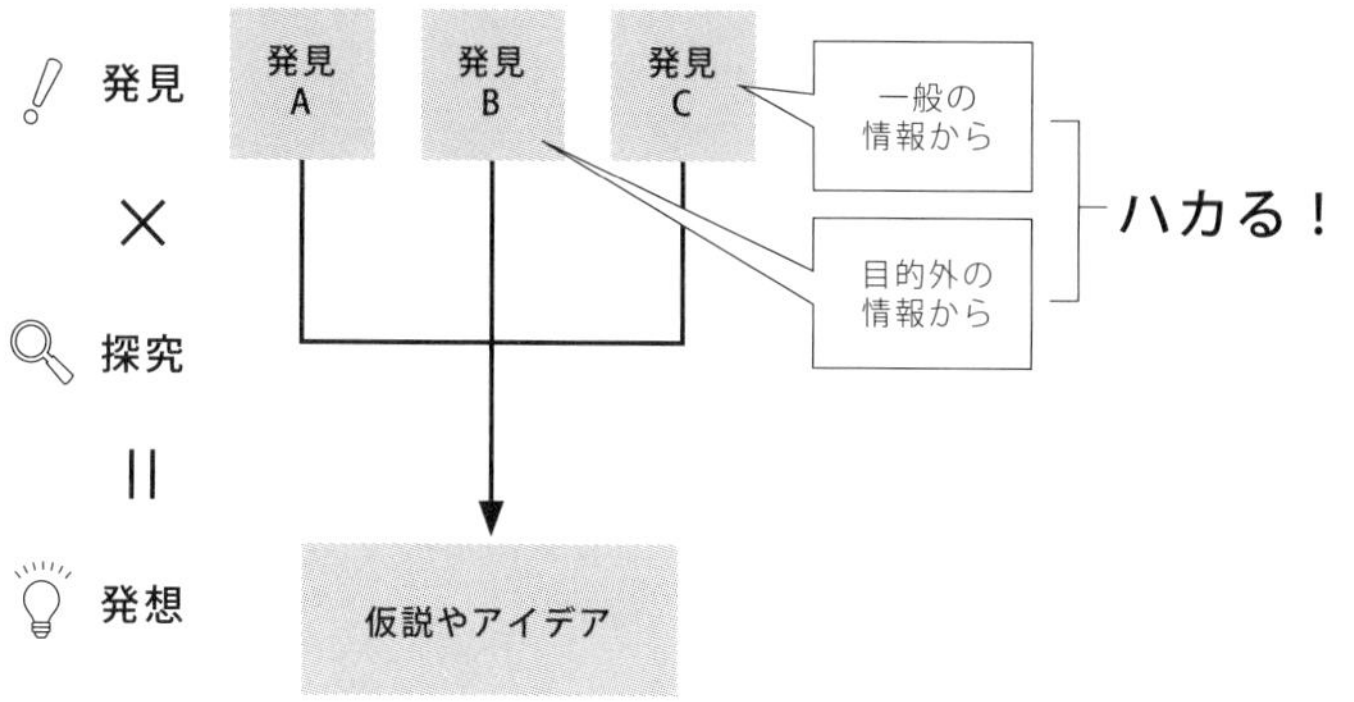

世に発想法はいろいろありますが、中核は「発見」と「探究」です。そして**「発見」や「探究」のための最強の手段[29]が実は「ハカる」ことなのです。**

何かを証明するためにハカるのではなく、とりあえずハカってみてから目を凝らして発見します。そこから逆に、仮説やアイデアをつくっていく。そんなアプローチです。

企画やデザイン、もしくは戦略を考えることが仕事の人たちは、こういったボトムアップ型「ハカる」を常用しています。

自分の殻を破るために、新発見の

29 『発想力の全技法』では「比べる」「ハカる」「空間で観る」の3つを挙げた。

ために、あえて考えすぎず、幅広くハカるのです。ムダを厭《いと》わず、淡々と。

こういったとき、ハカる対象はさまざまですが、**新しいハカり方によって「未知の世界の想定外の情報」を得る、**という方法もあります。これはまさに発見の宝庫となるでしょう。

世界一（二番じゃダメ）のスーパーコンピュータ、天体望遠鏡。そして、検索ワード（グーグル）、購入書籍実績（アマゾン）といった新しいハカり方がわれわれに発見を与えます。

一方、ヒトは往々にして「既存の一般情報」をムダにしています。テレビ、雑誌・本、インターネット。ＣＩＡ[30]ですらその情報《インサイト》の95％を一般情報から抽出しているというのに。

発見のネタは驚くほど近くにあります。

問題は「ハカる力」があるかないか、上手く「枠組み」を与えて、意味あることを引き出せるかどうかだけなのです。

30 アメリカ中央情報局。通称「ザ・カンパニー」、あだ名は「見えない政府」「クー（デター）メーカー」。

ケース7 テレビをハカってボトムアップで世界を知るCIA

『ミッション・インポッシブル』シリーズ、『今そこにある危機』、『スパイ・ゲーム』、『ボーン』シリーズ。これらすべて、CIAがらみの映画作品です。

実際にトム・クルーズのような目立つエージェントがいるのかどうかは別にして、確かにCIAは密かに大量の情報を集めています。

対象は政治やテロ絡みだけではありません。経済もその主たる活動対象です。どう米国産業を保護し、グローバル市場で優位に立たせるのか、どう国際的交渉ごとを有利に進めるのか、そのための機密情報を得るために、世界各国に職員を配置しています。

日本にも数十名が常駐し、盗聴や情報提供者の確保によって、日本側の「交渉での最終譲歩リスト」や「官僚と自動車メーカー幹部の会話」などを、収集してきたといわれています。

しかし、数万人に上る職員たちのほとんどは本国にいて、**テレビやラジオ、新**

聞・雑誌・本、そしてインターネットを「ハカって」[31]います。２００５年には、それを専門とする「オープンソース・センター（ＯＳＣ）」を立ち上げました。ＯＳＣは一般のブログすらを対象とし、独自の情報解析を続けています。

某国が一方的に流す国家トップのＴＶ映像ひとつとっても、ちゃんとハカればいろいろなことがわかります。

・体の動きから、詳細な運動能力レベルを
・ＴＶに登場しなかった期間から健康状態を
・画面に映る他の幹部の位置からその序列変化を
・画像の修正レベルから国としてのＣＧ技術レベルを

こういったことを積み重ねて、組み合わせることで、世界の動勢を判断するための情報を、米国政府に提供し続けているのです。もちろん、いつも正確なわけではありません[32]けれど……。

ＣＩＡでもそのインサイトの95％は一般情報から。

[31] 一般に公開された情報源をもとにした情報収集活動は、オープンソース・インテリジェンスと呼ばれる。

[32] イラク戦争につながった「サダム・フセイン政権が大量破壊兵器を保有」の情報は、CIAがブッシュ政権に提出した。同時にCIAは、開戦前に「保有していない」との情報も得たが、報告しなかった。

既存情報からインサイトを絞り出す演習にチャレンジしたい方は、100頁へ直行してください。テーマは「FF《ファイナルファンタジー》対ドラクエ」です。

ケース8 H&Mは未来でなく、今の流行をハカる

世界のファッション産業界に、大きな変革の波が押し寄せています。それは「ファストファッション」と呼ばれるものです。ファッションを、気軽に手軽にファーストフードのように。

中価格帯のZARA[33]（本拠スペイン）、低価格帯のH&M（スウェーデン）、さらに安いフォーエバー21（米ロサンゼルス）等の成長は驚異的です。

ファッション性が高くかつ低価格の商品を、次々と「売切れ御免《ごめん》」で投入し続けることで顧客の心をつかみ、でも大量の在庫（＝リスク）を抱えない経営。これらプレーヤーたちはファストSPA[34]とも呼ばれます。

元祖SPAのGAP《ギャップ》が低迷する中、H&Mは2014年度も売上を18%伸ばし、売上高は178億ドルに達しました。経常利益率はゆうに20%を上回ります。

33 会社名はInditex（インディテックス）。売上高206億ドル（2014年度）。

34 Speciality store retailer of Private label Apparel（製造型小売業）。

ファストSPAたちの命はもちろん「企画力」です。流行を外さず、でも跳びすぎず、年間数万点の新規アイテムを世界中に供給するために、ハカっているものは何なのでしょう。

H&Mはストックホルム本社に100人のデザイナー部隊（ほとんどが女性）を抱えています。デザイナーたちはしかし、閉じこもることなく年間6〜10回の海外視察ツアーをし、得た情報を即座に本社に送ります。

でも流行を見極めるのに、メジャーなブランドのファッションショーには、頼りません。集めているのは、HARAJUKU（原宿）街角での写真、映画館や美術館の様子、H&M店頭での観察。そして、全世界の3675店（2015年9月末時点）で今、何が売れているかの詳細な情報です。

彼女たちがハカっているのは「今の流行」なのです。

それらすべての情報が本社の通称「ホワイト・ルーム」に集められ、100人のデザイナー、60人のパタンナー、100人のバイヤーが「ちょっと先の流行」[35]を予測し、企画を立てていきます。

35 季節ものの流行商品の場合、企画されてから店頭に並ぶまで20日しかかからない。だから「ちょっと先」でいい。

H&Mは勘やセンス（だけ）に頼りません。実際に「世界中の今」をハカってつなげて、服をつくっているのです。

最強のファストファッションを支えているのは「今の流行」をハカる力でした。でも情報源は特別ではありません。店頭情報、街角の写真、原宿の女の子たちなのです。

第 3 章

ダイジなものとメカニズムを見抜く

第1部の最後は、「ハカる」力の根源に迫る。結局、一次情報からインサイトを絞り出す力がなければ、応用も発展もないからだ。ハカる力の根源は、ボトムアップであってもトップダウンであっても、「定量的メカニズムを見抜く」ことに尽きる。定性的でなく定量的に、重要な要因を選び、かつ単なる相関でなく因果関係を見つけ出せるか、ということだ。「ハカる」に真剣に取り組むヒトたちへ、この章を贈ろう。

ダイジなモノを選ぶ

相関分析はダイジな要因候補を見つけるため

相関図なるものをよく見かけます。

結果（Y軸）と要素（X軸）の間に、関連性があるかないかを示すものです。身長と体重の相関、店舗の面積と売上高の相関、新製品比率と収益性の相関……。数字の羅列だけ眺めていてもわからないので、とりあえずグラフにしてみるのは悪いことではありません。

でも、それで簡単に「これは相関があったから結果の主たる原因」とか「これは相関度が低いから関係ない」と、していないでしょうか。

図14　東海道新幹線の需要要因を絞り込む

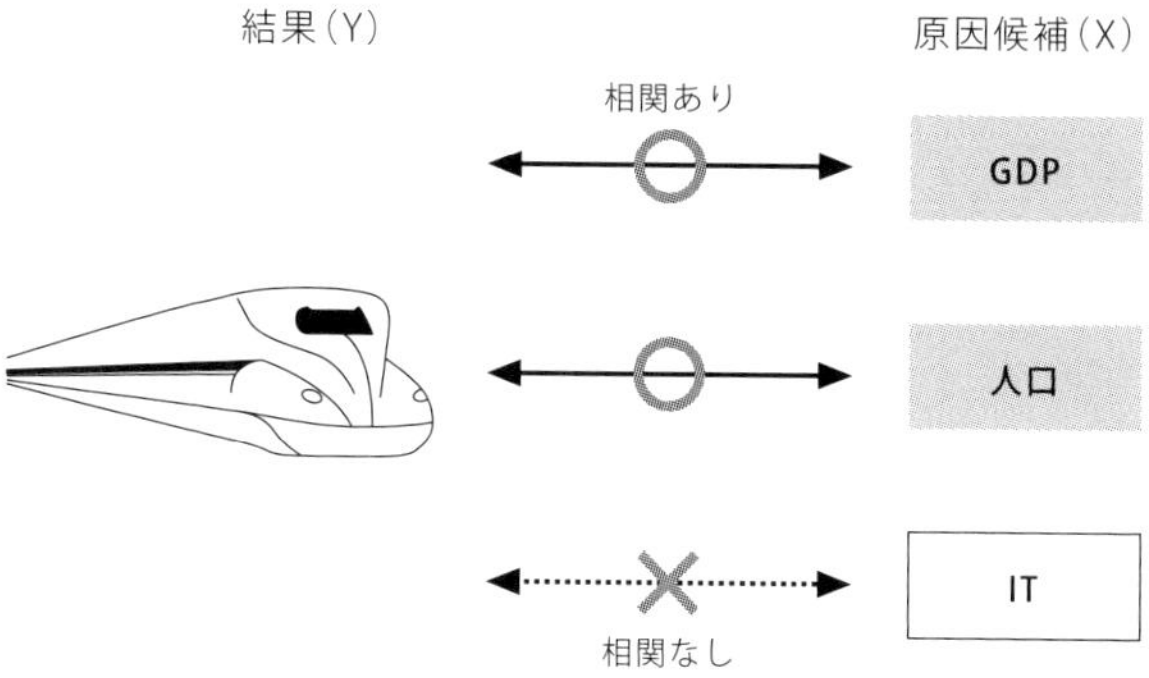

相関図が教えてくれるのは、**「結果に対する原因の候補か否か」**、そして**「原因だとしたらどれだけインパクトを与えているか」**だけなのです。

たとえばJR東海の東海道新幹線。その輸送旅客量（人キロ）の増減の原因となりそうな要素は、いっぱいあります。航空機や長距離バスとの競争もあれば、景気の上下もあるでしょう。

並べれば、日本全体の景気動向、沿線の人口増減、国内旅行の参加人数、北海道・東北や海外旅行の参加人数、国内企業の利益水準、出張費予算、ITの普及状況、電話会議の普及状況、駅や空港へのアクセス容易性、全所要時間、料金レベル、といった具合です。

でも、実際の需要との相関をとれば、まずは「強く関係するもの」と「しないもの」がわかります。さらに、強く相関するものの中でも、お互いに相関をとってみれば、自己相関、つまり両方が同じように動くものが多い[36]ので、主たる要因は、ぐっと絞り込めます。

最終的に残るのはたった5つです。GDPと新幹線・航空それぞれの料金レベルとそれぞれの所要時間[37]です。

相関分析は、結論（因果関係）を示すためのものではありません。結果に対する原因の候補を絞り込むためのツールなのです。（図14）

相関を見抜くためにセグメントに分ける

相関分析を重ねても、何も出てこないときがあります。XY平面上に点（サンプル）が一様にばらけていて、相関度合いを表す「相関係数[38]」をとっても0.2（最

[36] 日本全体の景気動向と東海道新幹線沿線の人口増減は各々、輸送需要に対して強い相関があるが、お互い同じように動くので、景気（GDP成長率）だけに代表できる。

[37] 実際にはGDPの増減が一番効く。GDPが1兆円増えると輸送旅客量は0・75億人キロ増える。

[38] 一般に、±0・7を超えれば「強い」相関、±0・2〜0・4なら「弱い」相関があるなどとされる。

高が1、もしくはマイナス1）とかしか出ないときです。

こういうときこそ「セグメンテーション」の出番です。対象サンプルをいろいろに分けて、相関をとり直してみましょう。

新幹線の旅客輸送量も、まとめて見るといろいろな要素との相関が、曖昧に見えたりします。同じ需要といっても、平日と週末でまったく内容が違うからです。

平日は、ビジネス客による業務用（出張）需要が中心です。

ビジネス客は判断が合理的で、不況になったり、価格が高くなったりすれば出張を抑制し[39]、所要時間が短くなれば多く使います。だから平日の需要は、「景気」「航空との価格差」「所用時間」との相関が明確なのです。

ところが週末は個人用（旅行）需要[40]が主となります。

業務用ほど所要時間に敏感ではありませんし、景気が悪くなってもいきなり旅行をまったくしなくなるわけではありません。特にシルバー層は景気変動の影響を受けにくく、一定層が常に使い続けます。

なので、週末の輸送量を予測したければ、業務用需要と個人用需要を分けて（セグメンテーションして）ハカらなくてはならないのです。

39 トヨタは08年末の世界金融危機時に、出張を国内外共ほぼ完全に凍結した。

40 全体では約7割が業務用のビジネス客。

図15　セグメントに分けて見抜く

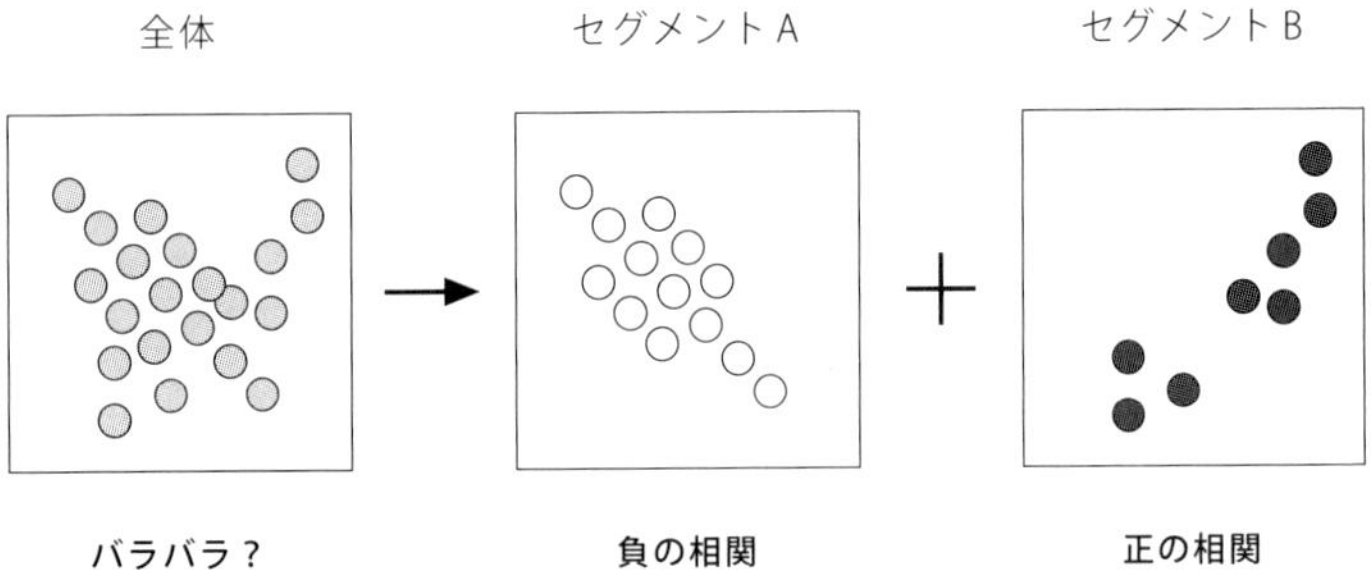

スーパーの売れ筋情報にしても同じです。

全国一斉に売れ出す流行りものもあれば、気温によって動き出すもの、地域性の高いもの、さまざまです。

それを混ぜたまま眺めていても、その裏に潜む「売れた理由」は見えてきません。

逆にいえば、上手い分け方（セグメンテーション）を見つければ、勝ったも同然。試行錯誤を続けましょう。（図15）

メカニズムを見抜く

因果関係を見抜くにはトラッキングかトライアルが必要

ここまでで、何かの現象が数字に落とされ（定量化）、主要な原因の候補が絞り込まれた（相関分析）としましょう。でもそれだけでは、十分ではありません。「因果関係」の検証が必要なのです。

航空会社の利用者に問えば、そのサービス満足度と再利用意向（またその航空会社を使いたいか）の間には、非常に高い相関が見つかります（171頁参照）。でも、相関があるとは、「満足度が高いヒトは、再利用意向が高い」というだけのこと。**経営者が知りたいのは、「満足度を高めれば、再利用意向が上がる」のかどうか**ということです。そうでなければ満足度を上げる（業績改善上の）意味がありません。

ところが因果関係をハカるのは、結構大変です。でも、難しい統計に頼らずとも、やれないわけではありません。

まずは、意向（また使いたい）でなく行動をハカることです（第5章参照）。つまり、満足度が上がった利用者に対して、本当に再利用率が上がったのかどうかをひとりひとり追いかけていく（トラッキング調査）ことです。相当大変ですが、そういう仕組みをつくり上げられれば、大きな武器になるでしょう。[41]

もしくは、ある路線だけトライアルをやってみるとよいでしょう。特定路線や便で特別なサービスなりをやってみて、満足度を上げ、そこでの再利用率が上がるかどうか、を確かめるのです（第6章参照）。

これまた大ごとで、失敗したら全体に響きかねない方法でもありますが、そういう機敏さが、これからの組織には求められます。

とはいえ、もう少し手軽な「因果関係のハカり方」はないでしょうか。

それには**「時系列で動きを見る」**ことです。

41 モニター制度をつくるのもよいが、たいてい、モニターになる時点ですでにファンだったりするのでバイアスがかかりすぎる。つまり満足度が低いヒトをカバーしづらい。

因果関係を確認するには時系列の点の動きでハカる

因果関係という言葉には、「時間」が入っています。原因が先で、結果が後。だから、単なる相関も、時系列で見ればいろいろなことがわかります。

その中でも注意すべきなのは「点の動き方」です。

去年と今年の相関図を重ねてみます。傾向線自体がどう変わったかは、まあどうでもいいこと。それよりひとつひとつの点がどう動いたのかを見ることです。相関の傾向線が右肩上がりでも、もし、点の動きが右肩下がりだったら、因果関係は逆だということになりかねません。

東海道新幹線の輸送量ではどうでしょう。輸送量はいくつかの要素と相関がありましたが、実はひとつの要素（GDP）だけでR^2＝0・95という極めて相関度の高い傾向線が引けます。

・東海道新幹線の輸送量（億人キロ）≒GDP（兆円）×0・75＋35

つまり、日本全体のGDPが1兆円増加すれば、輸送量も75百万人キロ増える

図16　日本のGDPと東海道新幹線の輸送量推移

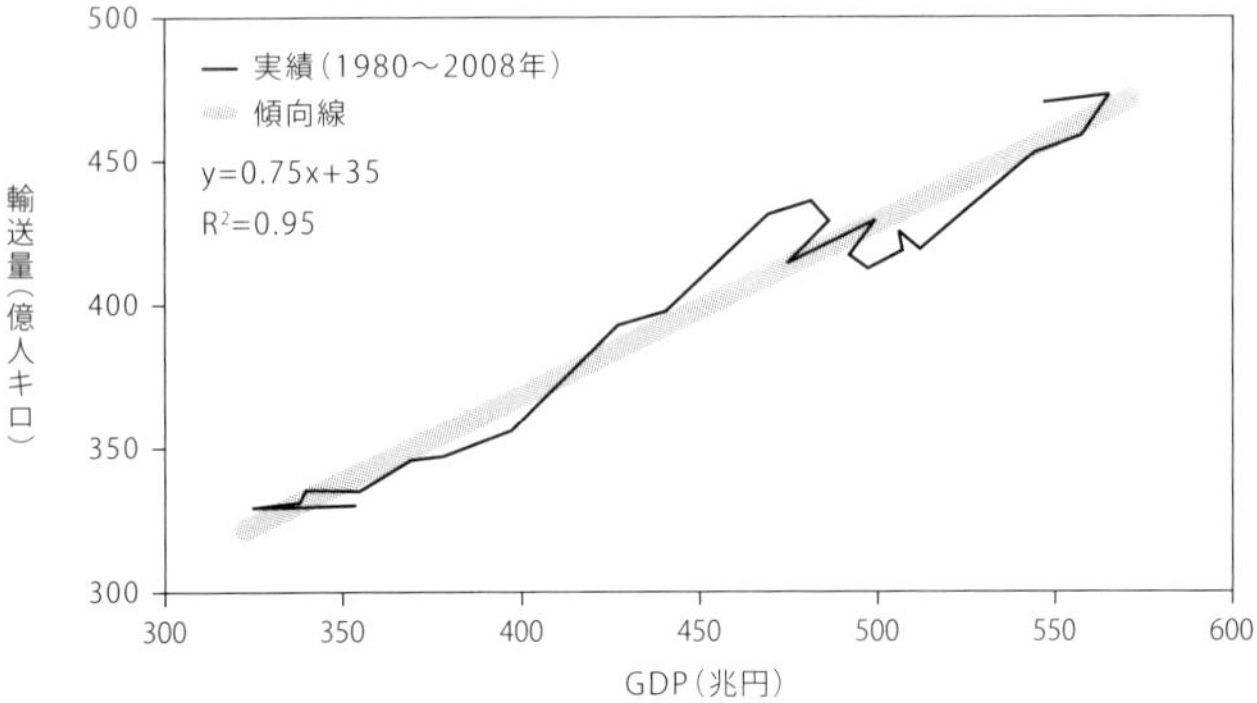

ということなのです。東京・大阪間[42]に換算すれば、14万人の旅客増に相当します。

いや、本当にそう（因果関係がある）なのか、時系列で見なくてはダメです。毎年の点の動きはどうでしょう。（図16）

数えてみれば、26回の「動き」のうち、逆に動いた（GDPが増えたのに輸送量が減った）のは5回しかありません。8割方は傾向線通りの動き方です。

おそらくこれなら、GDPと輸送量には因果関係がある、と言えるでしょう。

42 東京↓新大阪552・6km。

ハカる姿勢をつくる

フェルミ推定で遊ぶ

なんでもかんでも無理やり概算する「フェルミ推定」。これはハカる姿勢を培い、かつその能力を楽しく伸ばすという意味で、価値があります。

イタリアで生まれ育ち、現代物理学（量子論）の先駆のひとりとなり、「フェルミ統計」といった新しいハカり方を創り、アメリカに亡命して原子力（および原爆）の父ともなった稀代の物理学者、エンリコ・フェルミ。[43]未知のものに対する彼の計算能力には数々の伝説があります。

43 1938年ノーベル物理学賞受賞、54年、53才で死去。死の床においても、点滴が落下する時間間隔から、その流速を推定していたという。

ある物理量を計算で導き出すために、専用のコンピュータをつくらなくてはいけないということになりました。フェルミにそのコンピュータの「つくり方」を相談したら、彼は1時間もかからず紙と鉛筆だけで、その「答え」を算出してしまった、とか。彼の頭脳は専用コンピュータを、1時間で不要にしたのです。

そのフェルミが、頭の体操としてつくった概算問題が、当時から「フェルミ問題」として知られていました。

「シカゴにピアノ調律師は何人いるか？　概算せよ[44]」といったものです。

簡単にはわからない量（数字）を、**既知の情報や仮定と、最小限のステップで概算する、**というのが彼の推定法のミソです。

これはトップダウン型ハカるとボトムアップ型ハカるの組み合わせであり、経営コンサルティング会社の新卒採用面接などでは、昔からよく使われていました。ここ数年、多くの演習本が出ているので、まずはそれで練習を。後はそれを身の回りで実践するだけです。

そうそう、29年前、私が採用面接用につくったのは「日本国内1年間で消費されるトイレットペーパーの量をトン数で答えよ[45]」というもの。

44　世帯数×ピアノ普及率÷ピアノ調律頻度÷調律師ひとりが1年に調律する回数、などで算出した。

45　解答例は『発想力の全技法』163頁参照。

あなたなら、どう、ハカりますか？

あえて「曖昧な問題」を出す

日本の教育で特徴的ともいえるのは、子どもたちの「発言・質問する姿勢」づくりが弱いという点と、「曖昧な問題への解答力」育成欠如という点でしょう。

学校では基本的に、受け身で聞いていればすみますし、**問いも答えも明解で、特に答えはひとつしかないものがほとんど**です。入試などで正答が（ひとつ選べと指定したのに）複数あると、「誤った問題」「学校側の過ち」として世の中（新聞やテレビ？）から糾弾されたりします。

解き方にしても習ったものをあてはめるだけでOK。たまに「ハカる」ものがあってもハカり方は指定され、ただ決まった定規をあてるだけ。

この世の中に、そんな単純な問いも答えも解答法も、ほとんど存在しないというのに。

では社会に出たら、そういう訓練やトレーニングが十分用意されているかといえば、そうでもありません。相変わらずの知識詰め込み型の座学か、成り行き任せの「ワークショップ」研修が待っているだけです。

そして後は、ＯＪＴという名の放任か、過干渉的指導。それでは考える力も姿勢も生まれません。

だからもし、**「曖昧な問題への解答力」を鍛えたければ、**社会人向けの大学院やビジネススクールで学ぶことが結構、有効です。そのための手法である**「ケーススタディ」がある**からです。

そのもととなる「ケース」[46]には、コンパクトながら情報がぎっしり詰め込まれています。与えられる問題は明確でなく、解答に向けてどのようにもアプローチできます。

まずは自分自身で情報を分析し、自分なりの答えを出します。それを参加者同士で、また専門の教員と議論することで「取り得る答え（オプション）」を解明していくのですが、そのプロセスこそが学びの源泉となります。

[46] 4章の「FF対ドラクエ」もそのひとつ。他に最近つくったのは「PS対SS／64」「トヨタ トレッサ横浜の挑戦」など。1行や1頁のものから、数十頁の資料集までさまざま。

頭を悩ませ、手を動かして「ハカる」ことで初めて解ける「曖昧な問題」を、もっと出さなくては、ヒトはこれからの難問に決して立ち向かえません。

教員のみなさん、すぐには「何をどうハカるのか（＝解法）がわからない」、そんな問題を出しましょう。

そして受講生のみなさん、それに正面から、いや、いろいろな方向（後ろや上や下や異次元）から立ち向かいましょう。その経験こそが、ヒトを未来につなぎます。

第 4 章

基本「ハカる」演習

ここまで「ハカる」ことの基本構造や動作を見てきた。「軸」「目盛り」「組み合わせ」をどうつくり上げていくのか。それが「ハカる」ことの基本。ボトムアップ型とトップダウン型「ハカる」力を、2つの演習で鍛えよう。テーマは「FF対ドラクエ」と「交通渋滞問題」だ。

演習：ボトムアップ

FF対ドラクエ

この表から何がわかる？

まずは102頁の表を見てください。これは、（少し古いですが）1997年の『DIME』（小学館）の記事の一部です。ここから何が、読み取れますか？

これは、ボトムアップ型のハカる練習です。どこにでもあるような情報も、組み合わせたり目盛りをつくることで、いろいろなヒミツを見せてくれるのです。

当時、ドラゴンクエスト（ドラクエ）はエニックスの、そしてファイナルファンタジー

（ＦＦ）はスクウェアの看板タイトルでした。ドラクエⅠは１５０万本を売り上げ、Ⅲでは空前の３８０万本を売り上げました。[47]

一方、ＦＦもいきなり52万本を売り上げ、その後も順調に売上を伸ばしていました。

記事本文に曰く、「王者ドラクエ。それに対して挑戦者ＦＦが激しく売上を争う。ＦＦⅤではついに２００万本の大台を突破し２８０万本のドラクエとつばぜり合い」。

……わかることは、それだけでしょうか？　組み合わせることで見えることはないでしょうか。軸と目盛りをつくることでわかることはないでしょうか。

制限時間は、30分です。「発見」目標は、５つ、です。

[47] 03年合併してスクウェア・エニックスに。09年度の売上はソフト２６百万本で１８百億円、営業利益２５０億円。

問　題

「ＦＦ」ｖｓ「ドラクエ」演習
組み合わせること、軸と目盛りをつくることでわかることは？
制限時間　30分　発見目標　5つ

図17

ファイナルファンタジー		ドラゴンクエスト		ソフトとハードの蜜月関係
52万本	FF I キャラのステイタスが細分化されており、パソコンのRPGに近かった。	**150**万本	ドラクエI 日本にRPGを定着させた記念碑的作品。制作を分業した点も新しい。	ドラクエIの発売は86年5月。当時のファミコンの普及台数は約700万台。一方FF I発売時（87年12月）の普及台数は約950万台。
76万本	FF II 武器や魔法に熟練度を設定、よりRPGマニアへの指向を強めた作品。	**240**万本	ドラクエII RPGブームを起こす。当時200万本以上売れたのは他はSマリオのみ。	ドラクエIIの発売は87年1月。ファミコン普及台数800万台。FF IIは88年12月で普及台数は1100万台。この時点、ドラクエが圧倒的優位。
140万本	FF III ジョブチェンジがウケ、大ヒット。シリーズ初のミリオンセラー作。	**380**万本	ドラクエIII RPG最大のヒット作。歴代本数でもSマリオの618万本に次いで2位。	ドラクエIII88年2月発売、台数1000万台弱。FF III90年4月発売、台数1600万台。ドラクエが作ったブームに、FFが乗っかった恰好。
144万本	FF IV スーパーファミコンで発売。キレイな画像で、映像のFFを印象づける。	**310**万本	ドラクエIV バトルシーンのAIモード導入など、シリーズ中、最も個性的な作品。	ドラクエIV90年2月発売。注目点は、FF IVが普及台数約300万台のスーパーファミコンで開発されたこと。FF IVは91年7月発売。
245万本	FF V オープニングなどのムービーシーンがより映画的に。「VII」の先駆的作。	**280**万本	ドラクエV ドラクエはこの作品でスーパーファミコンに。映像の質が飛躍的に向上。	ドラクエVもSFCで92年9月に発売。FF Vもほぼ同時期の92年12月。普及台数は約700万台。FFがドラクエに並び出した時期。
255万本	FF VI スーパーファミコンの能力を最大限まで出した、疑似3D的画像が魅力。	**320**万本	ドラクエVI 好評だった転職とモンスター集めのシステムを採用した、集大成的作品。	FF VI94年4月発売、SFCは約1400万台。ドラクエVIは95年12月発売でSFC1500万台。そして、FFは一足先にVIIをPSで発売した。

出所：DIME 3/6/97号

解答

組み合わせる❶　時間と組み合わせる

何はともあれ、数字があるのでそのグラフ化です。

そもそもドラクエとＦＦで、同じ番号のもの（ドラクエⅡとＦＦⅡとか）を直接比べることが間違っていますよね。違う年にリリースされたものを、横並びに見ても仕方がありません。

まずは、発売年月と売上本数を組み合わせてみましょう。（図18）

すぐにわかるのが、ＦＦシリーズの「発売間隔」の短さです。逆に言えば、ドラクエは発売間隔がどんどん長くなっていって、ⅥとⅤの間は3年強空きました。[48] 一方、ＦＦは発売間隔1年半弱を維持しています。それは、会社の業績に大いに響きます。

たとえば１９９０年初から94年末の5年間を単純に比較すれば、ドラクエ（ⅣとⅤ）の年平均１１８万本に対し、ＦＦ（Ⅲ、Ⅳ、Ⅴ、Ⅵ）は１５７万本となります。会社への売上貢献では、３割以上ＦＦの方が上なのです。

[48] ドラクエⅥとⅦの間は5年弱空いた。小5でやったら、次は高1……。以降も新作はだいたい4〜5年ごと。

図18 ＦＦ対ドラクエ：ソフト販売本数と時間を組み合わせる

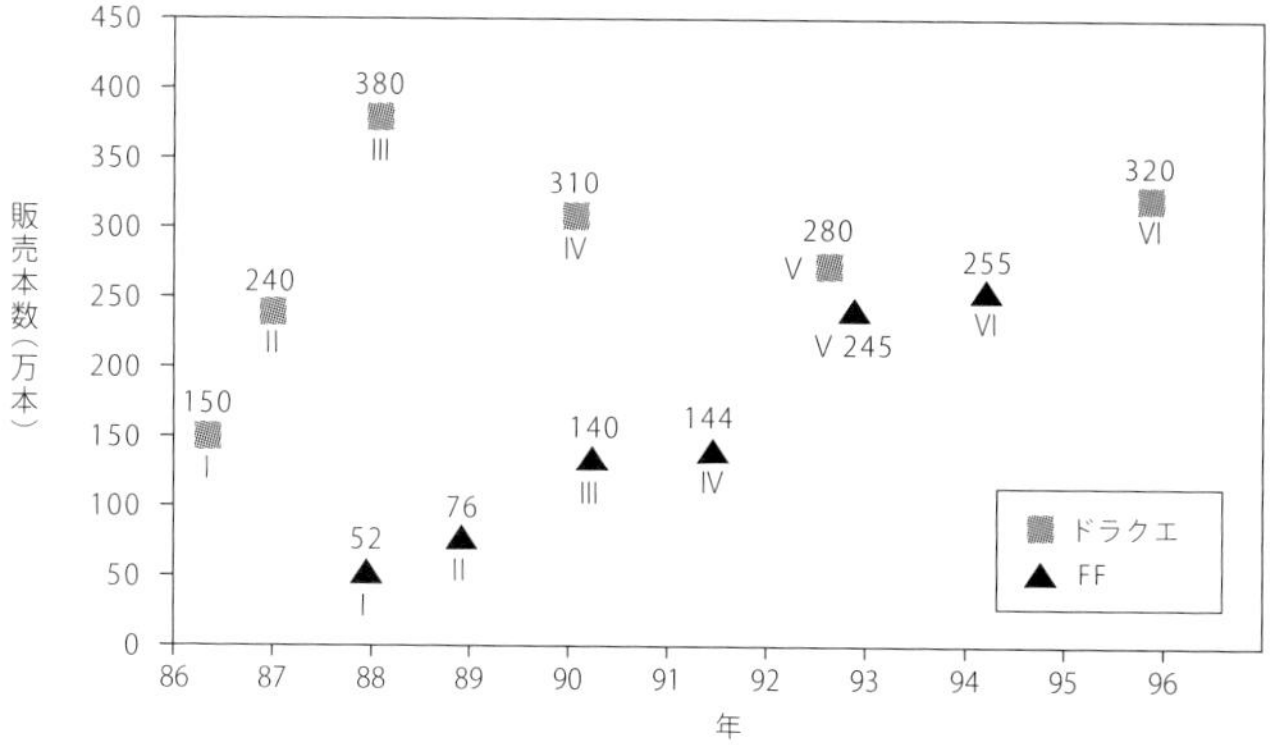

ゲームはイメージで買う商品なので、前作の（良い）イメージが残っているうちに次作が出るのが望ましいですし、ターゲット年齢（小学校高学年から中学生）から卒業されないうちに何本買ってもらえるかが勝負です。

「時間」と「商品」を組み合わせることで「発売間隔」がわかります。さらに「売上本数」とつなげてその「経済価値」がわかりました。

う〜む、ＦＦの発売間隔の短さは凄い。（図18）

組み合わせる❷　異なる数字と組み合わせる

102頁の図の中には、もう1種類の異なる数字があります。それは「発売当時のハードの普及台数」です。これも、組み合わせてみましょう。（図19）

日本国内で任天堂のファミコン[49]（FC）とスーパーファミコン[50]（SFC）がいつ頃導入され、どう普及が進んだかがわかります。そして、そのどのタイミングでFFとドラクエが投入され、どれだけ売れたのかも。

左図でまずわかるのは「タイトル販売本数とハード台数との関係」でしょう。**ドラクエⅠ〜Ⅲの伸びは、ハード（FC）普及の伸びに沿ったもの**であることがわかります。FFⅠ〜Ⅲ（対FC）、FFⅣ〜Ⅵ（対SFC）も、同様です。

もうひとつわかること。それが「新ハードへの投入タイミング」です。SFCに対してはまずFFⅣが出され、144万本を売りました。ハード普及台数がわずか300万台のときでした。

各タイトルの販売本数を当時のハード普及台数と組み合わせることで「ソフトとハードの関係」がわかります。ハードが伸びればソフトも伸びる。

う〜む、ハードって大切なんだ。

[49] 正式名称はファミリーコンピュータ。最終出荷台数は国内1935万台、世界6291万台。

[50] 正式名称もスーパーファミコン。最終出荷台数は国内1717万台、世界4902万台。

図19　ＦＦ対ドラクエ：さらにハード普及台数を組み合わせる

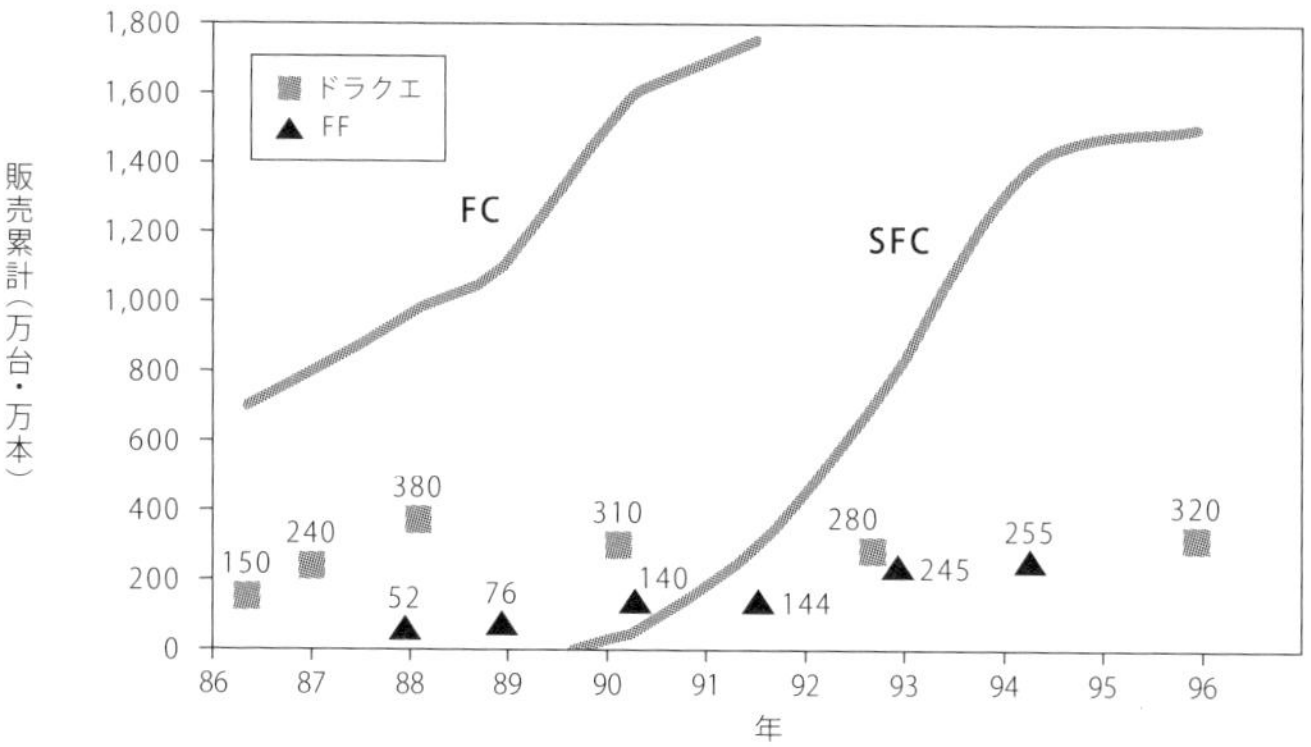

組み合わせる❸

割り算くらいはしよう

前節までの発見に、「ＦＦⅣのＳＦＣへの投入タイミングはかなり早かった」「ハードが３００万台のときに１４４万本売った」がありました。

これをもう少しハカりましょう。

使うのは組み合わせる技のひとつ、「割り算をしよう」です。ソフト本数をハード台数で割ってみましょう。

すると、ＦＦⅣはハード2台に１本弱は売れた計算になります。

ではは他のタイトルと比べて、これはどれくらい凄いことなのでしょう。

図20　ＦＦ対ドラクエ：割り算して「浸透率」を比べる

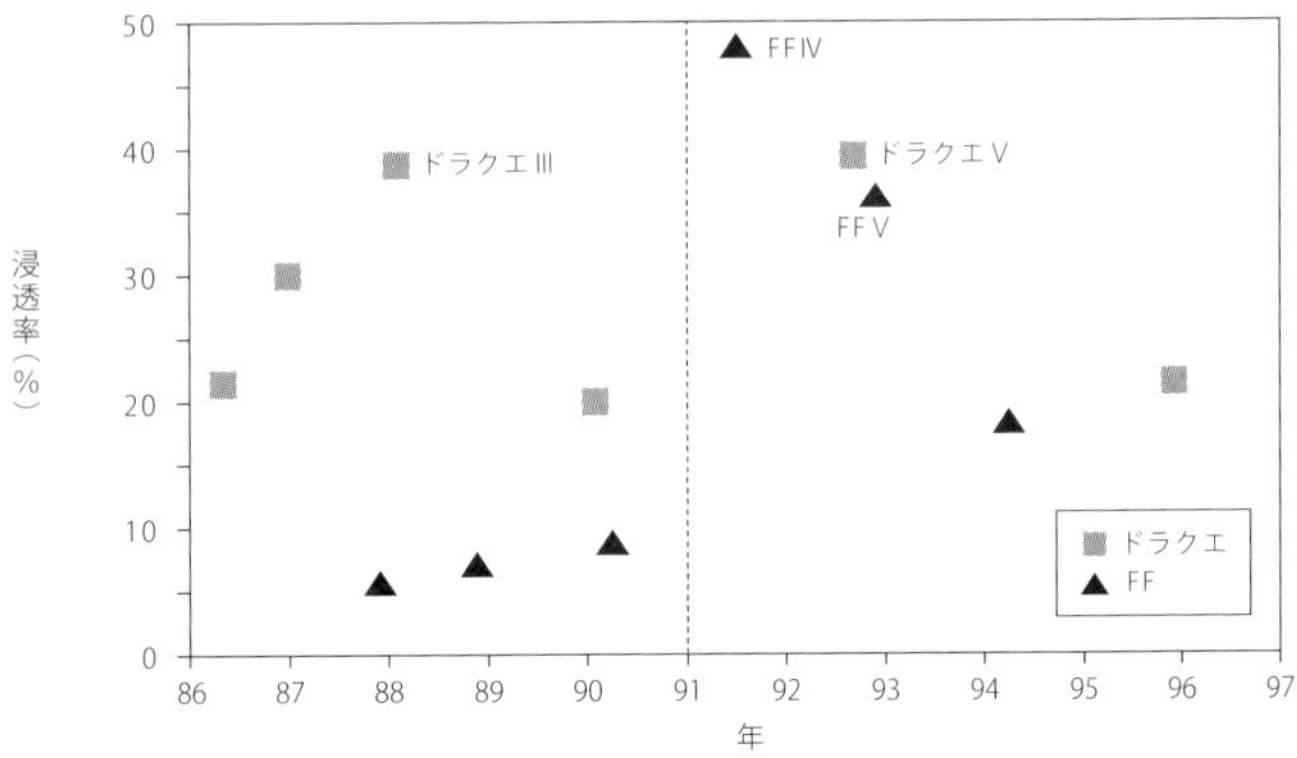

ハカるのは、タイトルのハードに対する「**浸透率**」。これを、タイトル**売上本数÷ハード普及台数、と定義**します。この「枠組み」で、みんなをハカってみましょう。（図20）

するとこのＦＦⅣがいかに突出した浸透率（48%）を記録していたかがわかります。それに次ぐのはドラクエⅢの38%、Ⅴの40%、そしてＦＦⅤの35%です。

当時国内で発売されたゲームソフトタイトルは年間数百本。そのほとんどは浸透率数%未満のものでした。ある程度、任天堂が質をコントロールしていたとはいえ、大きく期待を裏切られるいわゆる「クソゲー」[51]も多数……。その中での浸透率48％！

タイトルの販売本数をハード普及台数と「割り算」で組み合わせることで、「浸透率」がわかります。

ドラクエⅢもたいしたものですが、ＦＦⅣは本当に凄い！

目盛りを定める：定性情報を定量化する

ここまで取り扱ってきたのは数字だけでした。でもこのＤＩＭＥ記事、数字だけでなくいろいろなコメントが書いてあります。「ジョブチェンジがウケた」とか「ムービーシーンが映画的」とか。

せっかくなのでこれも「ハカって」何か、見つけましょう。

コメントをざっと読んでみると大きく２つの「軸」があることがわかります。「グラフィックの進化」と「システムの進化」[52]です。

これに「目盛り（グラフィックのレベルなど）」を刻むのはなかなか難しいでしょう。ただ、「スーパーファミコンになって映像の質が飛躍的に向上」とあるので、

51 非常につまらないか、難しすぎてやる気の起きないゲーム、もしくはプログラム的に欠陥のあるゲームのこと。みうらじゅんの造語で、ある種の親しみも込めているらしいが、通常は悪意とともに使う。

52 キャラクターの動きや戦闘方法、キャラクター成長の仕組みなど。

図21　ＦＦ：軸と目盛りで定性情報を定量化する

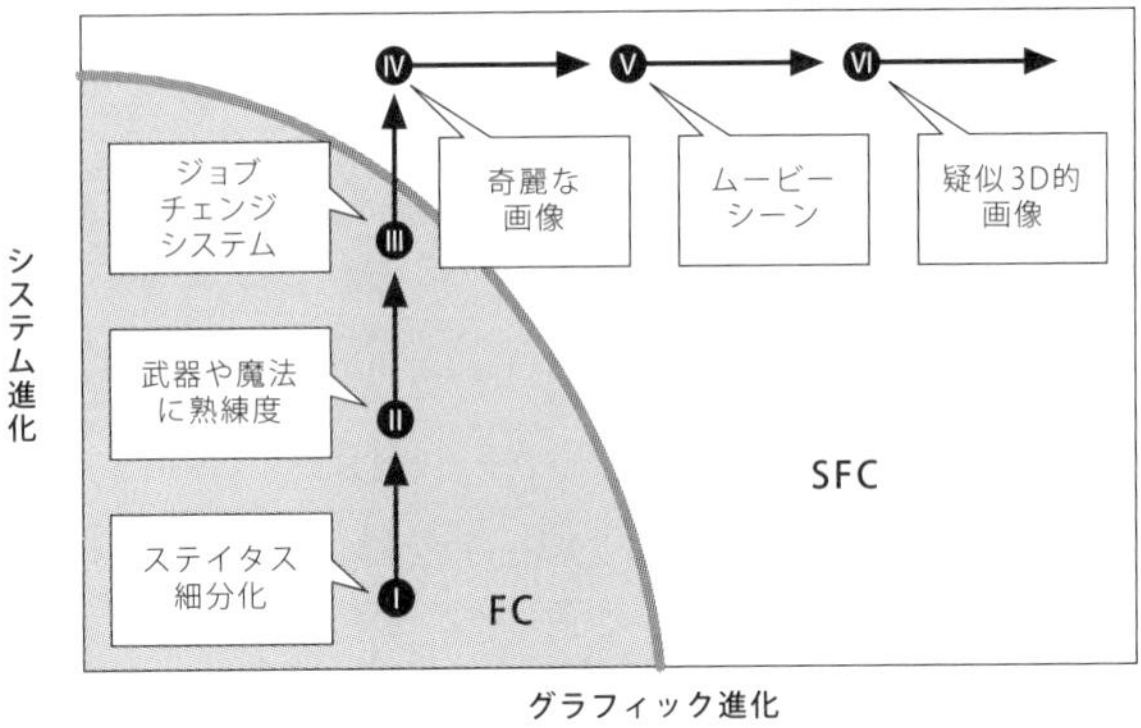

ＦＣで実現可能・不可能、で分けることにします。

あとは各作品が、どういった特長や新機能をウリにしていたかを整理していくだけです。それをＦＦについてまとめてみましょう。（図21）

すると、ＦＦは最初システムの強化に努め、ＳＦＣに移って以降はグラフィックでの特長を追究していったことがわかります。

コメント（定性情報）を「目盛る」ことで、ソフトの進化がハカれました。

演習：トップダウン

渋滞問題

交通渋滞を再び考える

71頁では、交通渋滞の主な発生原因を論理思考的に考えて、ハカる練習をしました。主な原因は「〇〇渋滞」という言葉を探せばわかり、それは「①事故」「②工事」「③帰省ラッシュ」「④自然」などでした。ここには大きなウソがあります。

高速道路を除けば、一般的にもっとも大きな渋滞要因は「信号交差点」です。当たり前すぎて「交差点渋滞」とは言いませんが、２つの直行する流れを、信号（一方の流れを遮断する）で捌《さば》こうとするのですから、滞《とどこお》っても仕方ありません。

高速道路のようにすべての分岐や交差が立体化されていれば、流れははるかにスムーズになります。主要幹線の交差点で、膨大な投資をして立体交差化を進める理由がここにあります。

さて、話を単純化するためにここでは高速道路だけを対象にしましょう。だから交差点渋滞はありません。料金所渋滞もＥＴＣの普及でなくなりつつあります。

ただし大都市圏での「⑤合流」渋滞、それに「⑥深夜割」渋滞[53]が最近加わったので、それらを加えましょう。

でもまだまだ、足りません。そもそも「交通渋滞」をどうハカるかが決まっていません。発生件数か、渋滞の長さか、いったいなにが「問題（困ったこと）」なのでしょう。

国民経済的に言うならば、それは「渋滞のためにムダになった国民の時間[54]」ということになります。これを「総渋滞逸失時間」と呼ぶことにします。

では改めて問題です。

交通渋滞の主な発生原因を知るためには、この「総逸失時間」をどうハカればいいのでしょうか。

53　30％の深夜割引を受けるために、料金所手前でトラックなどが道路上に停車して時間待ちをする。それによって発生する渋滞。

54　より広範囲に言えば、渋滞のせいで余計にかかったすべてのコスト（営業費、物流費等々）を指す。

問　題

交通渋滞演習

これら①から⑥の６つの原因のうち、どれが一番の問題かを決めるには、何をどうハカりますか？　制限時間15分

図22

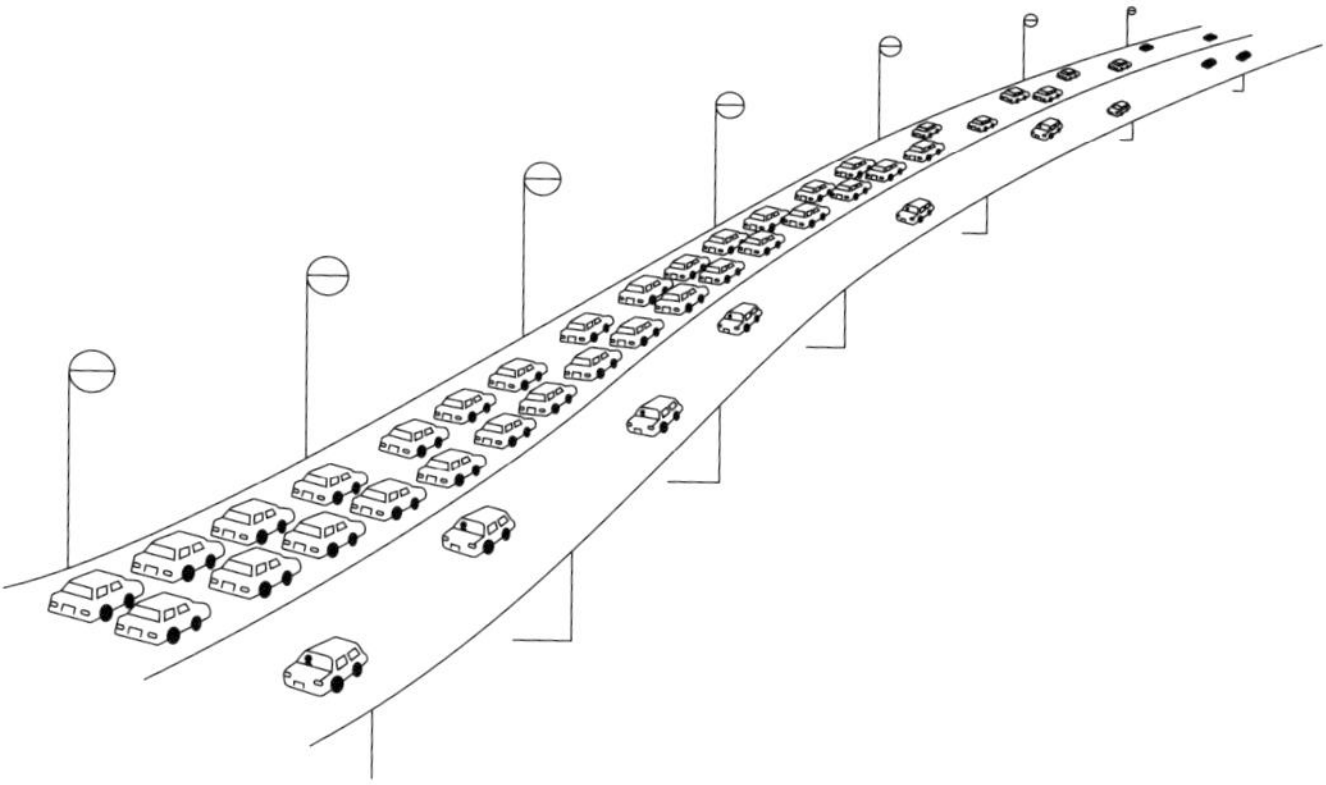

①事故

②工事

③帰省ラッシュ

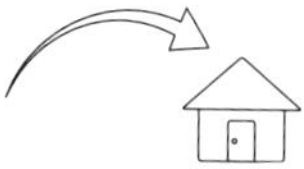

④自然

⑤合流

⑥深夜割

解答

渋滞をハカる枠組みは「件数」×「長さ」×「時間」

総渋滞逸失時間を厳密に知ろうと思ったら、相当に複雑なことになります。

まずは、1台1台の積み上げでハカるとします。

ある車が渋滞の最後尾に到達し、渋滞を抜けるまでに何分かかったかをハカり、それと本来渋滞がなければかかったであろう時間を推定します。その差に乗車人数を掛ければそれが個々車の逸失時間となります。

これを、渋滞発生時から解消時まで、巻き込まれたすべての車においてハカり続けて、足し算することになります。

これはさすがにやってられません。いくら日本中の高速道路にＶＩＣＳ[55]が張り巡らされているといっても、もう少し簡便な方法はないでしょうか。

だいたいの台数、だいたいの時間で構わないとすれば……。

ＶＩＣＳは、渋滞発生時にその「渋滞長」や「渋滞時間（発生してから解消まで）」、それに「渋滞速度」をハカっています。

55 Vehicle Information and Communication System。（道路交通情報通信システム）

それで「掛け算」や「割り算」をすればいいのです。

・渋滞に巻き込まれた台数＝「渋滞時間」×「渋滞速度」÷「渋滞車間隔」
・各々の車が渋滞中で過ごした時間＝「渋滞長」÷「渋滞速度」

渋滞していなければその場所を通常速度で通過できたはずで、

・各車が渋滞中でムダにした時間＝「渋滞長÷渋滞速度−渋滞長÷通常速度」

ここでは簡略化のために、渋滞時速を時速９㎞、通常速度を時速90㎞、渋滞車間隔を10ｍ＝０・０１㎞、１台あたりの乗車人数を２人とします。

そうすると、**１渋滞あたりの総逸失時間**は、

・「渋滞長（㎞）」×「渋滞時間（ｈ）」×１８０

となります。長さ５㎞の渋滞が２時間発生すると、そこで国民の時間が約１８００時間、ムダになるということです。

図23 渋滞逸失時間のハカり方

① 渋滞に巻き込まれた台数

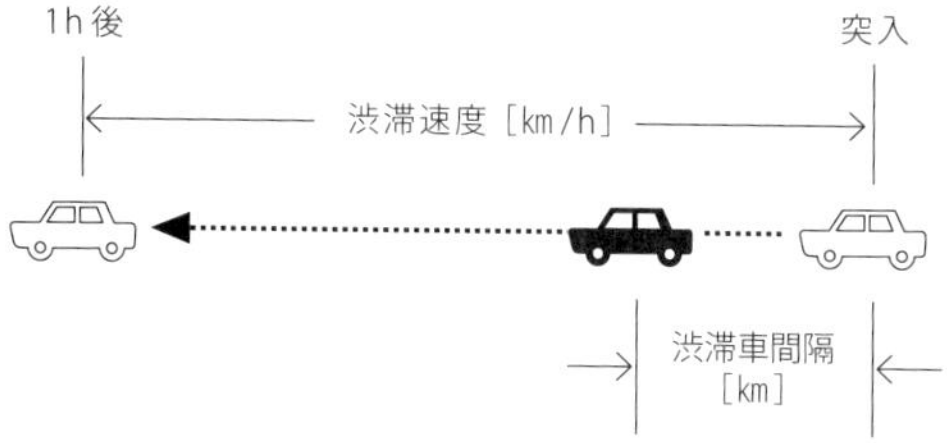

・渋滞には1hあたり「渋滞速度÷渋滞車間隔」台突入する
→ 渋滞に巻き込まれる総台数は、それに「渋滞時間」を掛けた
「**渋滞時間**×渋滞速度÷渋滞車間隔」（①）

② 渋滞での総逸失時間

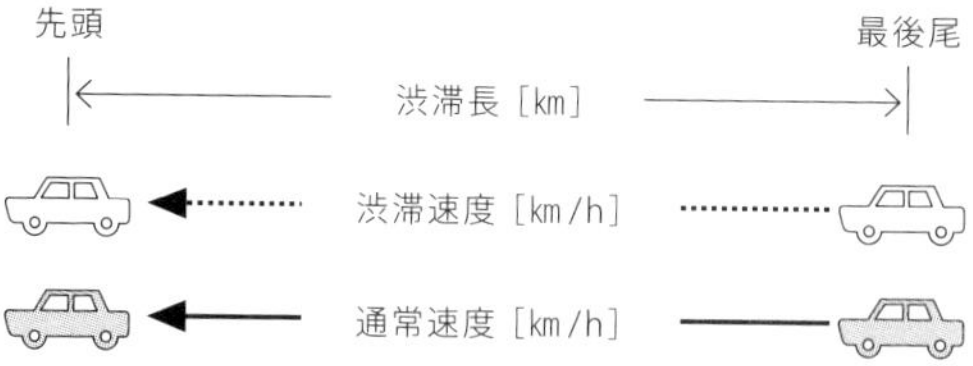

・渋滞通過にかかる時間は「渋滞長÷渋滞速度」
・通常ならそこは「渋滞長÷通常速度」で通過できる
→「**渋滞長**×（1/渋滞速度−1/通常速度）」（②）
が渋滞のせいでムダになる時間
・総逸失時間は「総台数①×無駄時間②×乗員数」
→**渋滞長**×**渋滞時間**×乗員数×（1−渋滞速度/通常速度）÷渋滞車間隔
・通常速度90km/h、渋滞速度9km/h、渋滞車間隔0.01km（10m）、
乗車2人/台とする
→総逸失時間＝**渋滞長**×**渋滞時間**×180

75人が丸一日、車中に監禁されていたに等しい損失（であり苦行）です。これに渋滞の全発生「件数」を掛ければ、高速道路における総渋滞逸失時間となるでしょう。

ゆえにこの節の答えとしては、**「事故」「工事」「帰省ラッシュ」「自然」「合流」「深夜割」の各渋滞について、その「長さ」と「時間」と「件数」をハカれ**、ということになります。

それで初めて、何が高速道路での主たる渋滞発生要因か、がわかるのです。

自然渋滞解消策をハカる実証実験！

実際に道路公団がハカったところによれば、高速道路での渋滞原因（件数ベース）のトップ3は、1位「上り坂・サグ部[56]（自然渋滞の多くがこれ）」、2位「事故」、3位「合流」です。

ただ、「自然」渋滞にも、実はいろいろな原因（タイプ）があります。「上り坂・サグ部」の他には「トンネルの入り口」「カーブの手前」などが有名です。

ヒトの心理や錯覚によるもので、それへの注意を喚起するために渋滞表示を出

56 上り坂と下り坂がゆるく続いている箇所のこと。

したりしますが、それをちゃんと見ようと減速して「表示器渋滞」が起こるという悪循環。

しかし自然渋滞には、より本質的な理由があります。それは「車間距離不足」です。

道路が空いているときに自然渋滞は、起こりません。渋滞は、ある程度車が混んできたときに、突然発生します。ある混雑度合いを境に、小さな渋滞が起き、そしてそれはすぐさま増殖するのです。渋滞状態のときには、流れる車の絶対量が減るからです。

・時速90㎞で「車間隔」60ｍなら、1分間に25台が通過できる
・時速9㎞で「車間隔」10ｍなら、1分間に15台しか通過できない

これまで25台流れていたものが、一部分でも減速して15台（6割）しか流れなくなれば、その後ろはすぐ詰まってしまいます。つまり、渋滞するのです。

これを解消するための秘策のひとつが[57]「渋滞の手前数㎞から時速70㎞に落とす」こと。『渋滞学』で有名な西成活裕《にしなりかつひろ》教授の研究の結論です。

渋滞の先頭では、常に車が高速走行に戻って抜けていきます。ゆえに**渋滞は、後方からの「車の供給量」が減れば、どんどん解消されていくのです。**だから、数㎞手前からスピードを落として、到着までに渋滞がほどけるのを待つのがいいのです。

数理物理学が専門の西成教授は、これらを「コンピュータ・シミュレーション」によってハカり、さらには、「渋滞吸収隊（警察とＪＡＦのステッカー付き）」なるものをつくって「実地（小仏トンネル付近）」で効果をハカりました。社会実験というやつです。

その効果は絶大で、実際に渋滞の発生「件数」「長さ」「時間」が、かなり抑えられたと[58]といいます。

渋滞をハカる枠組みでこそ、その解消策も、ハカられるのです。

[57] もうひとつが時速70㎞で車間距離40ｍ（車間隔だと45ｍ程度）を維持すること。１分間に26台が通過可能。

[58] 警察庁がＤＶＤ化してドライバー教育にも使われているとか。

ハカる力の基本「枠組み」と3つの挑戦領域

心と試作と未知の壁を超える

第Ⅰ部ではハカるための「枠組み」を示し、そしてそれらを用いてハカる練習をしてきました。ハカる枠組みとは、

- **軸と目盛りをつくる**
- **それらを組み合わせる**

ことでした。これらを地道に続けていくことが、ハカる力を上げることであり、論理的に考え、さらには発見力を上げることにつながります。

第Ⅱ部では、仕事の中での具体的事例を挙げながら、そこでの「ハカる」コツや問題点を見ていきます。ただ、ハカる対象はあまりに広く、自然界のすべて、ヒトのすべての活動領域がその対象となりえます。

なので次章以降では「ハカる」における挑戦領域、つまり難しい領域、面白い領域、ジャンプがある領域に話を絞ることにします。

それは、次の3領域です。

- **対象：ヒトをハカる（心の壁）**
- **プロセス：つくってからハカる（試作の壁）**
- **手法：新しいハカり方を創る（未知の壁）**

もっともハカり難いもの、ヒトの心。それをなんとかハカる工夫をしましょう。

プロトタイピング（試作）とは、ごちゃごちゃ悩まず簡単につくってからハカること。それによる、大きなジャンプの可能性を感じましょう。

そして、テクノロジーやヒトによる、新しいハカり方創造のインパクトを最後に。ハカることの挑戦は続きます。

コラム
50音のヒミツを探り出せ！

金田一春彦博士が明かす「濁音のヒミツ」

ある夜、NHK教育テレビを見ていたら、金田一春彦《きんだいちはるひこ》博士[59]が「五十音のヒミツ」を講義しておられました。今から35年も前のことです。

「濁音にはひとつだけ仲間はずれがいます」
「どれかわかりますか？」

濁音と言えば「が行」「ざ行」「だ行」「ば行」か。細かく言えば「ぎゃ」「じゃ」「びゃ」

59 日本語方言・アクセントおよび中国語の四声《しせい》の権威。1913〜2004年。

とかもそうだなあ。う〜っむ。テレビの中の金田一博士はニヤニヤ。

文字列を眺めていても、わからない。だったら口に出してしゃべってみよう。ヒントは「清音」だって。

濁音「が行」の清音はもちろん「か行」。「か」と「が」、「さ」と「ざ」、「た」と「だ」、「は」と「ば」を比べてみます。さて、どれが仲間はずれなのだろう。

みなさんも声に出しましょう、今すぐ！

答えは「ば行」です。

他は清音と濁音で口の形が変わりませんが[60]、「ば行」だけは、変わるのです。「は」は口を開けたままですが、「ば」はしっかり口を閉じてからぽんと開く破裂音。

金田一博士はさらに続けます。

「では、濁音『ば行』に対する清音は、なんでしょう？」

ん？「ば行」の清音はもちろん「は行」でしょう。いや、違う。この問いの意味は、「ば」と同じ口の形で、のどの奥をふるわせなかったらどうなるのか、ということだ。

60 正確には口も舌の形も変わらない。濁音は清音と、のどの奥でのふるわせ方が違うだけ。

これもやってみればすぐわかります。「ば」の「清音」は、「ぱ」なのです。学校で習うのは「ぱ行」は「は行」の「半濁音」だということ。でも半濁音ってなんでしょう。どこが濁っているのでしょう。

そうではなく、「ぱ行」はれっきとした「清音」だったのです。しかも「ば行」に対する。

金田一博士、にこにこしながら続けます。

「つまり、昔は『は』って書いて『ぱ』って発音したんですよ」

「奈良時代まででですかね」

ふ〜ん、そうかあ、だから「ぱ」と「ば」が清濁のセットなんだ。

え？ 昔の発音なんて、なんでわかるの。江戸時代にテープレコーダーなんてないよ。

番組は終わり、私に「昔の発音のハカり方の謎」だけを残しました。

昔の発音のハカり方

金田一博士が残した謎「昔の発音のハカり方」を、まじめに探し始めたのは数年前です。

すると、いろいろなハカり方があることがわかりました。

動物の声の表記、宣教師のレポート、遠方地の発音、などです。他に、なぞなぞ、もそ

うでした。室町時代のもので、

「ははには二度会いたれども、ちちには一度も会わず」

な〜んだ？

答えは「くちびる」です。

つまり「は」がHaではなかったということ。Φa《ファ》であったといいます。

橋本進吉博士[61]は『駒《こま》のいななきについて』という小論で、馬の鳴き声をハカっています。

それを古代日本人がどう表記していたか、で音と表記の関係を解明したのです。

それによると、万葉集では馬は「いいん」と鳴くものとされていました。「ひいん」でも「ひひん」でもなく。つまり古代日本語の中には、Hi《ヒ》を表す言葉がなかったことがわかります。

遠方地の発音も役立ちます。京都は時の都。文化の最先端、風俗の最先端、そして発音の最先端の地でした。京都から地方へ、徐々にそれらは伝わっていきました。

ゆえに京都から物理的に離れれば離れるほど、古い文化や風俗、発音が残っていること[62]が多いのです。そして最遠の地は沖縄であり、与論島、東北北部でした。

与論島の方言で「花」のことを「Pana」と発音します。「は」がPaであった名残でしょう。

61 福井出身の言語学者で日本語における音韻の歴史的研究の権威。1882〜1945年。

62 「方言周圏論」という。柳田國男が『蝸牛考』において提唱。「蝸牛」を指す方言が、近畿地方を中心として同じ方言が同心円状に分布することを発見した。

そして時代が下って室町から江戸時代初期まで多くのキリスト教宣教師たちが日本を訪れました。お金も手間もかかっている命がけのミッションです。当然彼らは、本国に対して大量の報告書《レポート》を書き送っています。

そこではたとえば、「NIFON no COTOBA」といった文字が表紙を飾っています。当時「ほ」はFo《フォ》と発音されていたのです。

「は」の発音は、Pa（奈良時代以前）↓Φa（奈良〜平安末期）↓Ha（江戸時代以降）と変遷《へんせん》を遂げていました。金田一博士の言った通りでした。

それをハカる手段は工夫次第、探し方次第、ということです。

馬、宣教師、蝸牛《かたつむり》……。

第II部

「ハカる力」で未踏領域に挑戦する

第 5 章

応用「ヒトをハカる」演習・ケース

仕事のあらゆる場面でハカる力は役に立つ。新たな商品・サービスを企画し、戦略を立て、つくって投入し、売れ行きや満足度を見て改善する。日経ビジネス「アフターサービス満足度調査」、オリコンランキング「入浴時間」をハカり直して発見せよ!

なぜヒトをハカるのか

最後の暗黒領域「価値」を知るためにヒトをハカる

商品・サービスの収益を決めるのは、その「価値」と「コスト」、それに「在庫」です。最後に「在庫」を残せば、結局大損となります。それを避けるために編み出されたのが、「売れたものだけつくる」というトヨタ生産方式でした。「在庫」をハカり、それを極小化することを中心に回していく仕組みです。これなら曖昧な販売予測になど頼らずともいいですし、「在庫」も減り「コスト」も下がります。

しかし、それでも足りません。商品・サービスの「価値」をどう生み出し、向上するかが、足りないのです。それがないといい商品は出来ず、その改良もままなりません。

生産も調達も在庫も物流も、ハカることは比較的容易です。対象がモノなので、ウソもつかないし、曖昧な部分もありません。たまに隠れたり、見つけにくかったりしますが、近年のIT[63]はそれをも乗り越えました。

でも、（特に消費財で）**「価値」をハカるのは難題です。対象がヒトなので、ウソをつきますし（悪意じゃなく）、曖昧**ですし、とてもとてもハカり難い……。

たとえば「エコ商品・サービス」の「価値」がそうです。

アンケートをとればみな「エコなモノがいい」と賛同しますが、実際には売れません。レジ袋に5円徴収するだけで、売上が即座に5％減ったスーパーの例もあります（本当は要らぬものを買わなくなっただけかもしれませんが……）。

みな、自社の顧客の心を知りたくて仕方ありません。顧客心理学、心理学マーケティングなどが花盛りです。でも顧客本人にすらわからないその心を、どうハカるのでしょう。

答えは心でなく、行動をハカること。軸、目盛り、組み合わせの「枠組み」を使って、ヒトをハカり、モノやサービスの「価値」を明らかにしましょう。

63 バーコード、QRコード、RFIDタグなどで、安価に個体識別が出来るようになったことが大きい。

顧客生活をハカって
アイデア・ネタ出しをする

入浴時間調査：オリコンランキング

オリコンの調査（図24）によれば、日本人の平均入浴時間としてもっとも多いのは「15〜20分未満」です。約22％の人がそうでした。次に多いのは「10〜15分未満」で16％強、その次が「25〜30分未満」で16％弱……。

ランキング的にはこの通り。でも、こういった数字を並べ立てて、何がわかるのでしょう？

仮にこれが入浴剤を新たにつくろうとする会社による調査だとします。

図24 入浴時間調査：オリコンランキング

ランキング	入浴時間	頻度
1	15〜20分未満	21.9%
2	10〜15分未満	16.2%
3	25〜30分未満	15.7%
4	20〜25分未満	15.0%
5	30〜35分未満	10.1%
6	35〜40分未満	6.0%
7	40〜45分未満	4.0%
8	10分未満	3.8%
9	60分未満	2.9%
10	45〜50分未満	2.1%
11	55〜60分未満	1.6%
12	50〜55分未満	0.8%

出所：オリコンランキング〔2008年末〕

日本国内には「バスクリン」「バブ」「バスロマン」を筆頭に、2千品目もの入浴剤があふれ返っています。テレビCMも盛んです。

これにさらにひとつ加えようとする果敢な夢を、ある化学メーカーが持ったのです。ちょっとした新規事業として。

だから最終的に見つけたいものは「ニッチ[64]な市場」です。

そのために、日本人の入浴習慣を再確認しようとする調査をしたとしましょう。

多数のお客さんが望んでいることは、すでに既存の入浴剤が満たしているでしょう。

あったまりたい、すべすべになりたい、香りが欲しい、安眠につながるといい、温泉独特の雰囲気が欲しい……。

今までの入浴剤が満たし切れていない**新たな「ニッチ」を、見つけなくてはなりません。**

トップダウン的に考えてまずわかるのは、「男女別・年代別に入浴時間は大きく違うだろう」ということです。だから男女別・年代別に分けて、お客さんをハカります。

64 Niche（発音はニッシュ）。もともとは建築用語で壁龕《へきがん》のこと。寺院で小さな像を置くために削られた、壁や柱の窪みを指す。適度に小さくて、堅くて、安全なところ。

演習：まずはまとめず細かく見る

生データをグラフ化せよ

入浴時間は思った通り、男女で大きく違いました。「30分以上」が女性だと約42％に達しますが、男性では19％しかいません。やはり、女性の方がずっと長風呂な人が多いのです。でも年齢差[65]は、それほどありません。だからとりあえず女性だけを分けて見ることにします。

最初に見る（ハカる）ときの秘訣は、まとめないこと、です。

もし、最初からまとめてしまうと、見えないことがいっぱい出てきます。まとめるのは後でできます。

まずはなるべく細かい情報で見ること。そしてグラフ化して見えやすくすることです。

65 オリコン調査では年齢を「中・高校生」「専門・大学生」「20代社会人」「30代」「40代」に分けている。

論より証拠でやってみましょうか。

139頁上の図が10分ごとにまとめた「10分図」、下の図がそのままの「5分図」です。

確かに、まとめた「10分図」はわかりやすいでしょう。大きな傾向がわかります。「へ」型の分布で、「10分台」が26%、「20分台」が30%でピークとなり、後はなだらかに下がっています。「60分以上」の長風呂派は6%です。

でも、細かい「5分図」だと、いろいろ不思議なものや違った世界が見えてきます。

ここでまた問題です。制限時間は5分。

この「5分図」から、いくつ、新しい発見がありますか?「10分図」では見えなかった真実を、見つけてください。

問　題

入浴時間演習　５分図から新しいことを発見せよ
制限時間　５分

図25

入浴時間調査［10分図］

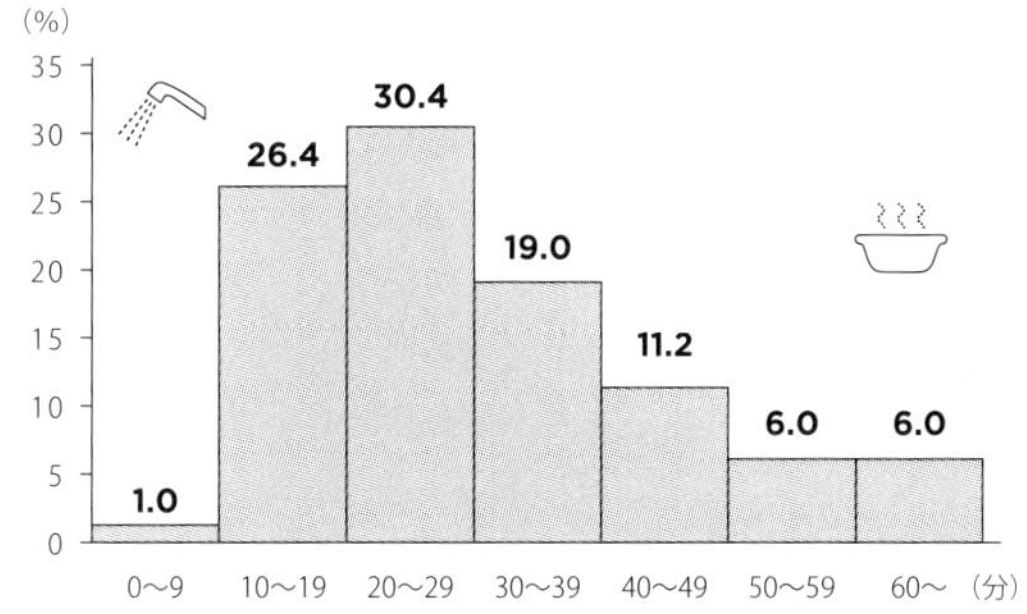

出所：オリコンランキングより三谷作成

入浴時間調査［5分図］

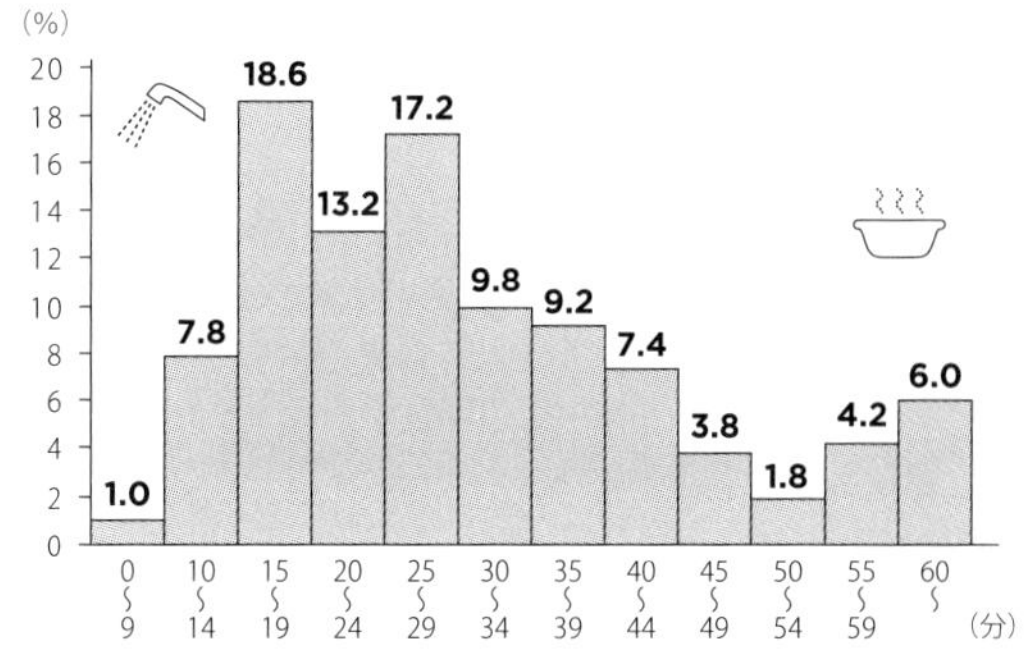

出所：オリコンランキングより三谷作成

解答

次に差と重さでまとめていくこと：目盛る！

入浴の「5分図」から、読み取れることはなんでしょう。5分ごとの刻みの中で、どこで（他との）差があるでしょう？ どこ（の塊）が重そうでしょうか？（図26）

① **グラフの形**：一見してわかるのはグラフの形が「ひとこぶラクダ」ではなく、「ふたこぶラクダ」だということ。30分台がピーク、とかでなく、15〜19分、25〜29分、とピークは2つある。真ん中の20〜24分、は凹んでいる

② **グラフのピーク**：「10分台が多い」のではなく、「10分台後半（15〜19分）」が多いだけ。「10分台前半」は約8％に過ぎない

③ **増減の傾向**：「30分以上はなだらかに下がる」のではなく、「45分」からガクッと少なくなる

図26　入浴時間調査：［5分図］からわかること

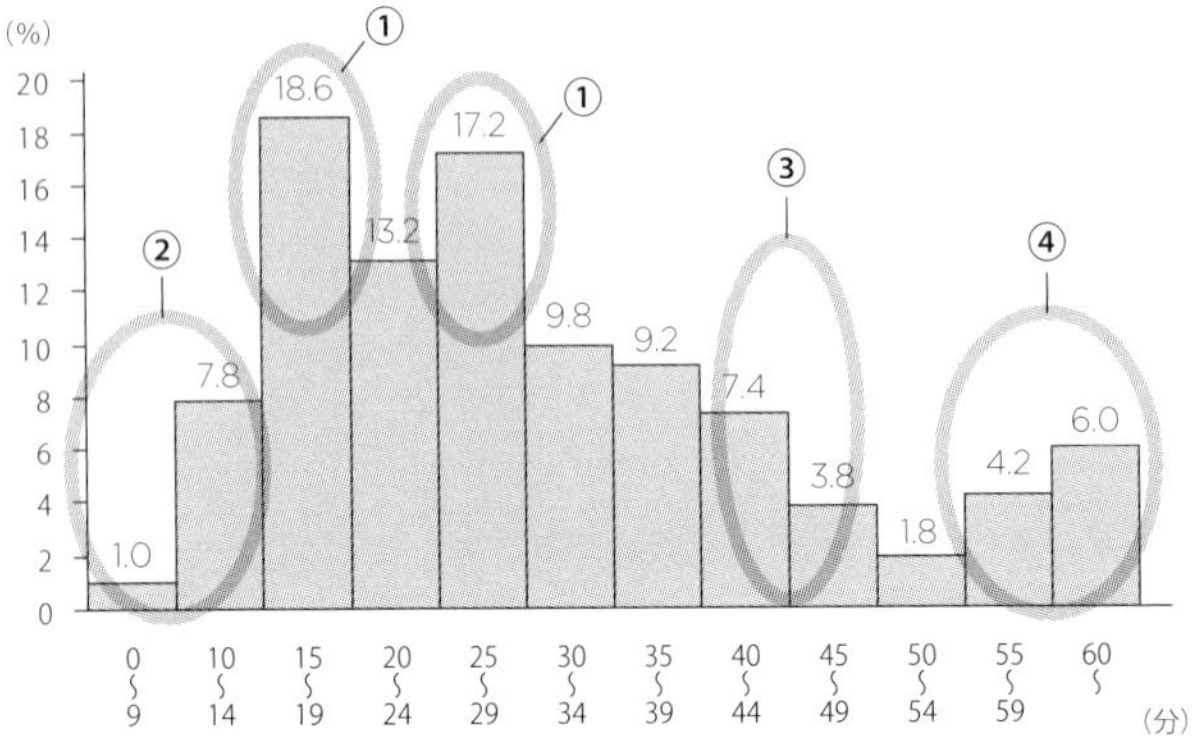

④　**その他**：長時間入浴は55分から立ち上がる。「長風呂の定義」を60分台のみでなく、55分以上とすると、長風呂派は6％でなく10％となる

こういったことからだけでも、もともとの調査目的である「入浴剤のニッチ市場を探せ！」に対していろいろな示唆があるでしょう。

たとえば、少ないながらすぱっと分かれる超短時間派（15分未満）向けに「シャワー用入浴剤」はどうでしょう。おっと、もう花王などからシャワー剤として売り出されていました。

であれば、ズバリ15分の人向け、25分の人向け、長風呂派（55分）向け……。

それぞれ、ニッチ市場が存在するかもしれません。

缶コーヒーを、味でなく「飲む時間帯」で分けたアサヒ飲料のように、香りでも雰囲気でもなく、「入浴時間」で分かれた入浴剤！　どうでしょう？


さて、新入浴剤のアイデアを具体化するために、次は何をハカりましょうか。

「長風呂派（55分以上、全体の10％）」向けの入浴剤だとすれば、まずは①湯船につかっている時間、②そのときどう時間を過ごしているか、などでしょうか。

入浴中にすることとして、一般的には「歌」（女子高生だと「携帯電話」が加わる）なのですが、特に長風呂派が、湯船の中でしていることとは？

そこから「新しい入浴剤」へのヒントが生まれてくるでしょう。

アイデア・ネタ探しに効く「ハカる」

消費者の生活時間調査で有名なものは「NHK国民生活時間調査」と政府統計

局による「社会生活基本調査」です。

子どもが対象ならベネッセ、社会人が対象なら日本能率協会なども、定期的に調査を行い、公表しています。これら「公開情報」からも、ハカり直せばさまざまなアイデアやネタが見つけられるでしょう。

でも**まずは、元データに戻ること。**

ニュースリリースや記事は、調査のごく一部分を伝えているに過ぎません。しかもまとまった大ざっぱな傾向を示すだけです。

たとえば、ベネッセの生活時間調査[66]「速報」曰く、

・子どもの生活時間に地域差は少ない
・ただし都市部ほど学校の宿題が短く、それ以外の勉強が長い

でも、**元データを見ると「平均時間」だけでなく「行為者率[67]」「行為者平均時間」という面白そうなデータ**があります。これも使って小学生をハカり直してみましょう。すると、

[66] 08年11月、全国の小学5年生から高校2年生8017名を対象にして行われた。うち小学生は2546名。

[67] 行為者とはその活動を行っている者のこと。学習塾なら定期的に通っている者が行為者となる。行為者率は、全体に占める行為者の比率、行為者平均時間は行為者に限ったときの活動時間。

・大都市は地方に比べて学習塾の「平均時間」がほぼ3倍で1日26分も長い
・ただしそれは、「行為者率」が2倍弱なのに加えて、「行為者平均時間」が1.6倍に達することによる（大都市の塾通いの小学生は毎日平均159分を学習塾に費やしている！）
・一方、大都市は地方に比べて家での宿題時間が14分も短いが、これは「行為者平均時間」が2割短いのに加えて、「行為者率」が16％少ないことによる（大都市の小学生の3割は家で学校の宿題をやらない！）
・でも地方は学校の時間が28分も長いので、それも加えた総学習時間は、大都市と比べ4分しか差がない

ということがわかりました。これがハカり直すことの価値です。

大都市に多い「学習塾を優先して、あえて学校の宿題をやらない」子どもたち。そして、おそらくはそれを指示している背後の親たち。

学校にとって、そして学習塾にとって、これはチャンスか、それとも新たな危機の訪れでしょうか。

評価や生活をハカって商品コンセプトをつくる

「無印良品」の新しい商品企画プロセス

食品スーパー西友の、プライベートブランドとして1980年に生まれた「無印良品」は、92年に西友から独立し、株式会社良品計画となりました。何度かの経営危機を乗り越え、良品計画はいまや日本で約300店、[68] 海外25ヶ国で約300店を運営し、売上2600億円、営業利益238億円（2015年2月期）を上げています。

武器は独自のデザイン力。主力である家具ではニトリ、ＩＫＥＡ、衣料ではユ

68 直営店の他に商品供給117店。2015年8月末。

ニクロ等の低価格店との戦いを続けています。

その良品計画がインターネットサイト『ムジ・ネット』で「モノづくりコミュニティー」[69]を立ち上げたのは2001年9月のことでした。消費者の意見を反映させた「モノづくり」、モノづくりに消費者を巻き込んでの「話題づくり・ファンづくり」を目指した活動といえるでしょう。

その**「モノづくりコミュニティー」はこれまで、さまざまなプロジェクト**[70]**を進め、商品化**してきました。

『ベッド回りの照明』プロジェクトから「持ち運びできるあかり」を、『すわる生活』プロジェクトから「体にフィットするソファ」[71]を、そして『壁の利用』プロジェクトから「壁棚」を。

その消費者巻き込み型商品開発プロセスは、「壁棚」だとこんな感じです。

①**アイデアを投稿**――まずはムジ・ネット側から上げられたテーマ(たとえば「壁の利用」)に対し、参加者側が自由にアイデアを投稿する

②**アイデアに投票**――ムジ側によってある程度絞り込まれ、整理されたアイデ

69 商品開発サイト「空想生活」を運営するエレファント・デザイン(代表 西山浩平)と共同。

70 ムジ・カーと称して日産マーチの特別仕様車をつくり、定価93万円を千台(約9億円)売り切った。

71 2002年発売で09年には10万個、改良後の14年には14万個を売った大ロングセラー。

アに対し、投票が行われる

③ **デザインに投票**――ムジ側が提示するデザイン案に対し、やはり投票が行われる

④ **プロジェクト進捗**――しばらくはムジ側による商品化の苦しみの時期。「あかり」では1年以上を要した

⑤ **購入の予約**――採算性を見るために発売決定に先行して予約をとる。ただし購入義務はなく、気軽に参加できる

⑥ **商品化の決定**――商品化の最低ロットに正式受注が達すれば決定

良品計画は、新しい商品企画プロセスをつくり出しました。

では、そこにはどんな「ハカる」が潜んでいるのでしょうか。「壁棚」を例に、見てみましょう。

消費者には夢でなく評価を聞け：「壁棚」でハカられたもの

消費者を巻き込むといっても良品計画が消費者からハカったものは限定的です。

① アイデアを投稿──「壁の利用」に対してのアンケートにより「壁を傷つけたくない」などの意見
② アイデアに投票──ムジ側による「立て掛けウォール」等4つのアイデアに対し投票を求めた。約1100名が投票し「壁棚」というアイデアが圧勝
③ デザインに投票──ムジ側が用意した4つの「壁棚」デザイン案に対し、3000名強が投票に参加。透明アクリルタイプを僅差で押さえ、L字タイプが1位となった
④ 購入の予約と⑤商品化の決定──2002年11月末のネット上での購入予約開始後、わずか15時間で最低基準の300個を突破し、商品化決定[72]（図27）

最初に自由な意見（夢）は尋ねましたが、良品計画がプロジェクト参加者に求

[72] その後2週間目で14百個、4ヶ月後の締め切り日までに93百個の予約を集めた。最低目標の31倍であった。それを受けて販売価格は1200円から1000円に引き下げられた。

図27　ムジの共創開発プロセス（壁棚の例）

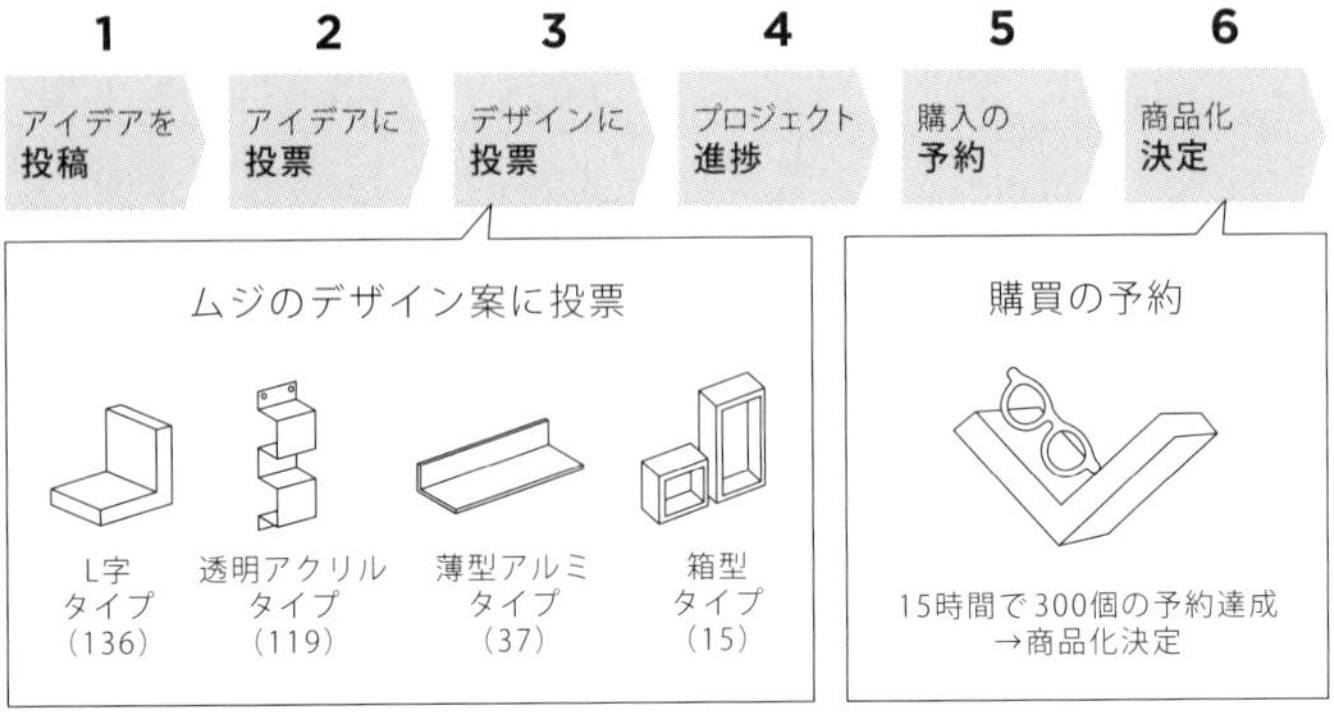

（　）内は投票数

めたのは基本的に、**アイデアやデザインといった具体的提案への「評価」**でした。

創造性や統合性・信頼性が必要なところはプロがやる。特にデザインこそは顧客ニーズに対する商品としての答え。プロの腕の見せどころです。

でも答えをひとつに決め打ちはせず、必ずオプション（選択肢）をつくって参加者に提示します。それを参加者たちは投票によって評価し、投票数でどのデザイン案にするかが決まります。

つまり**消費者巻き込みの目的は**

「オプション選択」なのです。それを消費者に、委《ゆだ》ねてしまいます。商品（試作品）ができたとき、最後のオプションが消費者に提示されます。買う（予約する）のか、買わないのか、です。そしてそれは、その試作品が本当に商品化されるのか、されないのか、につながる究極の「選択」でもあります。

たかだか数百〜数千人の（素人の）消費者の意見で選択をすることに、不安やためらいはなかったのでしょうか。「壁棚」を開発した良品計画の清水智は言います。

「本気でしたよ。最高点をとったものを、そのまま受け入れるつもりでした」

消費者を商品開発に巻き込むには、この覚悟と割り切りが、必要です。それが参加者たちのパワーを生むのです。

消費者の生活自体を見る：「壁に付けられる家具」でハカられたもの

良品計画での新商品開発は、商品部のＭＤ（マーチャンダイザー）、デザイン室、品質保証部の三位一体で行われます。

テーマが決まると**デザイン室からＭＤたちに提供される情報のひとつが、写真、**です。

・あらゆる類似品・競合品の写真
・ロングセラーの写真
・ユーザー数百軒分の家の中の写真

史上最大級のヒットとなった「壁に付けられる家具」[73]はもともと、チェスト（収納箱になる長椅子）をイメージして始まった、収納プロジェクトでした。イス兼収納のチェスト家具をつくろう！

でも、ユーザーからのアンケートに潜んでいた思いは別のものでした。

「収納は欲しい！」「でももう置く場所なんてない！」

そういった怒りにも似た声が、アンケートコメントの裏には見て取れました。

確かに、ユーザー宅内の写真を見ても、そうでした。**今さら新しい家具を置く場所などなかった**のです。

73 長押タイプ、箱タイプ、棚タイプ、鏡、がある。

いや、一ケ所だけありました。それが、「壁」でした。
床よりもっと面積のある壁を、もっともっと使おう。「壁棚」で終わらず、いろいろな家具を壁に！

上部に窪《くぼ》みがついた長押《なげし》タイプのそれは、まさに今も多くの和室（風《ふう》の部屋）に残る長押[74]から着想されたものです。

ユーザー宅内写真の多くで、長押は「収納家具」として使われていました。ハンガーが掛けられ洋服が、フックが掛けられ小物たちが、そして傘まで……。

特定の用途（CD収納とか）に絞り込むことなく、多様な利用方法を前提としたデザインとネーミングもそこから導き出されました。

「どんな収納が欲しいですか？」と尋ねるのではなく、実際に「何が収納として使われているか？」「どれが不便そうか？」を観察する（ハカる）ことで発想されたものが、これらの作品だったのです。

「壁に付けられる家具」は、消費者のリアルな生活をハカることによって生まれた大ヒット商品です。

74 襖や障子の上部、鴨居のあたりで部屋をぐるりと廻る幅10㎝ほどの板。

コンセプトづくりに効く「ハカる」

商品開発において「コンセプトづくり」とは、アイデアから商品への架け橋であり、もっとも重要な段階といえます。

良品計画でのコンセプトづくりを例に、ハカることの効用をみてきましたが、そこには3つのダイジなポイントがありました。

- **消費者にコンセプト自体を求めず、その評価を求め、それを信じる**
- **コンセプトを提示するとき、言葉でなくデザインや試作品で示す**
- **消費者のリアルな生活シーンを観察することからアイデアやコンセプトを得る**

まずは1項目です。消費者に評価を求め信じることとですが、これは信念もしくはスタンスの問題でもあるでしょう、商品開発のプロとして、どこまで顧客（素人）の意見を取り入れるのかの。

その可否の判断は個々プロフェッショナルに任せますが、敢えていえば「意外と役に立ちますよ」というところでしょう。

2項目についてはこの次の章「つくってハカる」で取り上げることとして、3項目は最近、「ビジネス・エスノグラフィ」[75]とも呼ばれる手法です。

学問上は、観察対象の数が少ないことや客観性が問題となることがありますが、「95%の確率で正しいと言い切れること」だけを論ずるのが学問の世界なら、**「10%の確率でしか正しくないかもしれないが、すごく面白いことを見つけること」がビジネスアイデアの世界**です。

先駆であるゼロックスを初めとして、ゼネラル・ミルズ、P&G、マイクロソフト、インテル、ノキアといった企業たちが数百人の部隊や数十・数百億円の予算を、ユーザー観察、とそこからのアイデア・コンセプト発見に投じています。

ジャンプある発見、切れのあるコンセプトのためには、ユーザーのなんとなくの意向を聞かないこと。ハカるべきはその行動、コンセプト案に対する評価、なのです。

[75] 学問上は「民族誌学」と訳され、人類学者がある民族と寝食を共にし、数年もしくは十数年の参与観察を経て書き上げる、深くかつ詳細で体系的なレポート。参与観察とは実際に同じ生活や行動をしながら、自らの目で観察し発見したことを記録していくこと。

顧客行動をハカって市場規模・売上を推定する

イタリア超高級ブランドの市場規模：枠組み

あるプロジェクトでのこと。イタリアの超高級ブランドの戦略構築のお手伝いをすることになりました。

日本市場に入ってすでに20年。でも、そもそも、そのブランドの対象市場の規模がわかっていませんでした。

スーツの上代（小売価格）が25万円以上で、英国風でなくイタリア風。でもアルマーニほどファッショナブルではない。そんな**超高級紳士服ブランドの、日本**

での市場規模やいかに。

その問いに、なんと2週間で答えなくてはいけませんでした。日本市場での成長戦略構築をたった1ケ月で出そうという、超クイックプロジェクト[76]だったのです。

期間1ケ月のプロジェクトであれば、ふつうは社内外にある既存のデータで何か考えるしかありません。ただ成長のチャンスを考えるのですから、市場データは必須です。

でもすぐわかりました。**そんなデータなどどこにもない**ことが。

世の中にブランド調査や分析は山ほどあります。ただ、日常的に25万円以上のスーツを買う男性はほとんどいません。成人男子の100人に1人もいないでしょう。

ということは、ただ闇雲に1万人分のアンケートを採っても、100人以下しか引っかからないということ。それも全高級ブランドひっくるめての話です。特定ブランドの購入経験や印象の情報をちゃんと集めようと思ったら、10万人に聞かなくてはいけません。

76 私が営業受注したわけではなく、イタリアのオフィスが引き受けてしまい、回ってきた。

どの市場調査会社に聞いても「そんなマイナーな市場データはつくってない」「たった2週間で、有効なアンケート対象者を集めるのはムリ」の答え。そりゃ、そうでしょう。対象がニッチすぎます。

さて困りました。データがなくちゃ、始まらない……。

いや、逆です。データがないんだから、ちゃんとハカれたら、それだけで価値になるのです。そうだ、なんとかハカろう。

まず考えたのはどうやってハカるかの「枠組み」でした。しばし考えて決断します。よし、「掛け算」でいこう。

- 「超高級ブランド市場」×「準ファッショナブル率」

超高級ブランド全体の市場規模は、『ファッションブランド年鑑』から推定しました。全ブランドの価格帯や売上規模が載っています、分厚い資料をファッション狂の新人コンサルタント[77]に渡して、「これ、全部精査して」と指令を出しました。「準ファッショナブル率」は、アンケートです。ただし前提が「超高級ブランド

[77] これを2日でやり遂げた「ブランド命」の彼もいまや早稲田大学大学院の准教授。

を買っている男性のうち」ですから、大変です。そんな人たち、どこにいるんでしょう？　そうだ、きっとあそこだ！

意見でなく、事実と行動をハカる

それから怒濤《どとう》の日々を過ごし、プロジェクト開始からわずか**5日後の週末、大学生も雇っての「路上アンケート」を敢行**しました。

東京・日本橋部隊、銀座部隊、青山部隊。各々10名ほどが、「すごく良いスーツを着ている男性」を街頭で探索し、直接アンケートを採ったのです。

でも、**意向**（買いたいですか？とか）**は、聞きません。聞いたのは事実と行動**でした。

- どんなブランドのスーツをそれぞれ何着持っていますか
- これらのブランドをどれくらい知っていますか、購入経験はありますか
- 購入時には誰の意見で決めますか
- どんな雑誌をふだん読んでいますか 等々

それによってその男性たちを「コンサバ層」「ファッショナブル層」「準ファッショナブル層」に分けました。

「コンサバ層」は英國屋等のオーダー中心。奥さまの意見がかなり強め。「ファッショナブル層」はいろいろなブランドを着こなし、すべて自分で決めます。雑誌での情報収集も怠りありません。

そして**「準ファッショナブル層」**。**ここがこのブランドのターゲットとなりうる中心**です。路上アンケートで集めた100人中[78]、6割近くがこれに分類されました。

「枠組み」で考えた「掛け算」からすれば朗報です。潜在市場は、決して小さくはありませんでした。これまで上手く、リーチできていなかっただけでした。同時に、この中間層においてこのブランドの認知度が極めて低いことも、わかりました。一方、「ファッショナブル層」のほとんどはこのブランドを知っていましたが、彼らは「これは自分たちが着るものではない」という判断もしていました。

それはそれでOKです。あとはどう「準ファッショナブル層」に知ってもらうのか、どう正しくイメージを伝えるかの勝負です。

[78] 同時並行で300人分の外部調査も補強のために委託した。ただし、結果が出たのは3週間後。

「オイッ、おまえら！ 許可とってるのかっ！」[79]と警邏《けいら》の警察官3名に追いかけられたのも、今となっては良い思い出……。

市場規模・売上推定に効く「ハカる」

新商品や新サービスの市場規模を推定するのは、極めて難しい作業です。見たことのない、経験したことのないものに対してヒトは正しく判断できないので、「買いますか？」という意向アンケートをいくら採っても、結果はかなり怪しいことになります。だから、それに頼らないハカり方が、必要です。

基本は、「掛け算」を上手く考えること。

前述のイタリア超高級ブランドでは、**「超高級ブランド市場」×「準ファッショナブル率」という掛け算**を考えて、そのブランドとしてのターゲット市場規模を算定しました。

一方、日本のあるSPA企業では、新商品の売上予測を、多数の社内のプロの眼を使って立てています。

79 街頭でのアンケート行為には本来所轄警察署に「道路使用許可証」を申請する必要アリ。ご注意を。

ちゃんとした新商品であれば、店頭に列べたとき、週にいくつかは必ず売れます。その最低量を1店舗あたり週20枚としましょう。１００店舗あれば週に２００００枚が全体では売れることになります。

問題は、その最低量の何倍売れるのか、です。それに応じて、生産態勢も、販促投資も変えなくてはなりません。

その企業では、シーズン前の社内説明会で店長たちに主要な新商品を披露します。そして、それぞれに「売れそうかどうか」投票をしてもらうのです。満票なら１００票集まります。

商品開発担当者は、そこからさらに推定します。「10票なら最低量止まりだな」「50票なら最低量の3倍はいく」「80票も集まれば5倍かなあ……」

「最低量」×「店長投票倍率」の掛け算です。

その数値基準はもちろん、商品や企業により、変わるでしょう。それこそ「ハカる」枠組みです。

独自の「ハカる」枠組みを創り上げることが競争力にもつながるのです。

顧客満足度調査から商品・サービス評価をハカる

指数や平均値にだまされない：日経ビジネス「アフターサービス満足度調査」

毎年「日経ビジネス」誌上で発表される「アフターサービス満足度調査」。そのたび、各社の広報担当者は一喜一憂《いっきいちゆう》、現場担当者は役員たちからの「どうなっているんだ！」のご下問《かもん》にあたふた、です。

サービスといっても業界ごとに内容や重要性は千差万別《せんさばんべつ》ですが、ユーザーに対する「満足度調査」の例としてみてみましょう。

航空業界では2009年、JALがサービス満足度[80]35%を示しました。調査対象となった15社のうち3位の好成績です。

でも、だからなんなのでしょう？

もちろんこれだけで言えることは少ないでしょう。

しかし、**まず気をつけるべきは、「指数や平均値にだまされない」こと**です。


まずは、「満足度35%」が曲者です。満足度が35%ってどういう意味なのでしょう？ 何が100%なのでしょう？ 利用者100人中35人が満足していること？

まったく違います。これは、日経ビジネスが独自に定めた指数で「%」にはなんの意味もありません。指数の計算法は、

・回答者は満足度を5~1の5点法で答える
・その平均値を出す（たとえばJALは3.7）
・その数値を、満点（5）を100%、最低点（1）をマイナス100%に換算する

80 「満足」「まあ満足」「どちらでもない」「やや不満」「不満」それぞれの回答者数に順に100、50、0、-50、-100を掛けて合計し、全回答者数で割ったもの。

図28　日経ビジネス「アフターサービス満足度調査」

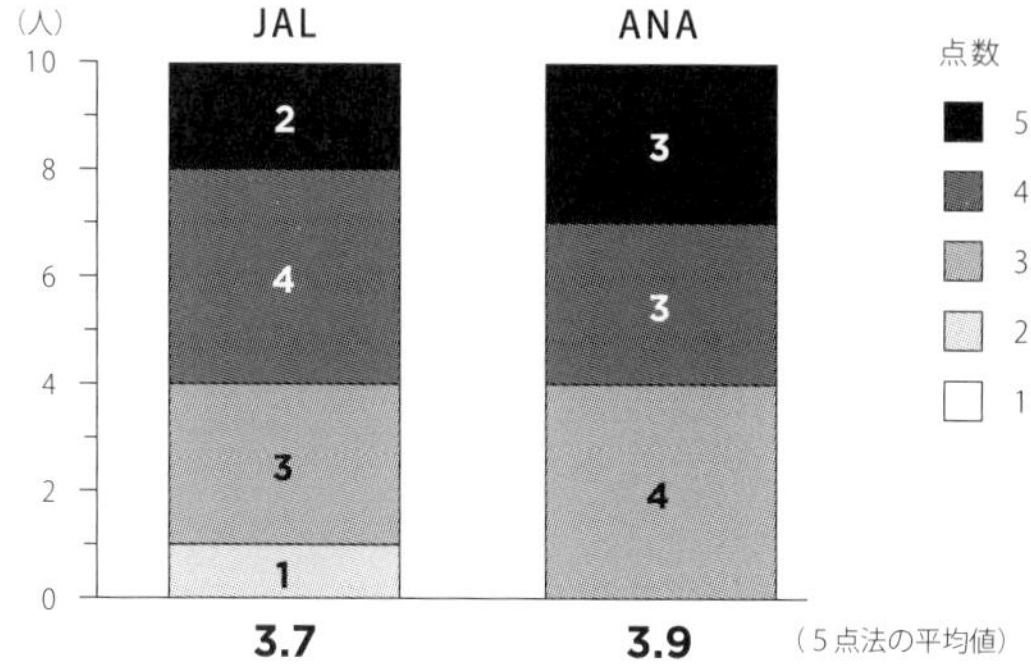

出所：日経ビジネス「アフターサービス満足度調査」2009年版

というもの。5点法の平均点ではインパクトがないと思ったのでしょう。回答者全員が、5と答えたら100%、3なら0%、1ならマイナス100%というわけです。

この指数では面倒なので、ふつうに5点法の平均値を使いましょう。JALへのサービス満足度は5点法の平均値で3.7です。

でもこれでもこの数字が良いのか悪いか、とっさにはわからないでしょう。平均値では、ダメなのです。

この値は、絶対的にいえば決して低くはありません。

たとえば顧客が10人いたとして、

１（大変不満）がゼロで、２（不満）が１人だけ、３が３人、４（満足）が４人、５（大変満足）が２人いると満足度は3.7になります。評価が４以上の「満足客」が６割、という「そこそこ」の成績ともいえるでしょう。

一方、ＡＮＡは満足度指数が44％、５点法だと3.9です。平均値だとＪＡＬとたった0.2ポイントの差です。でも、これは利用者10人中、満足度１や２がゼロ、３が４人で、４が３人、５が３人いるという状態で初めて叩き出せる値なのです。(図28)

つまり、ＪＡＬがもし、ＡＮＡに追いつこうとするなら、10人に１人いる「不満（１〜２）」者の撲滅《ぼくめつ》と、「大変満足（５）」者の５割増が必要だったということなのです。

もちろん対象は10人でなく、年間延べ５千万人の顧客に対して、ですが。

演習：組み合わせる

競合商品との差で見る

さて、こうして平均値や指標の罠はくぐり抜けたとしましょう。いよいよ「組み合わせる」の登場です。

このサービス満足度調査は、日本国内のユーザーに向けたもの。日本から利用できるさまざまな航空会社が対象で、もとの調査結果は169頁のような感じです。

ここからわかることはなんでしょう？

まずはサービス満足度を素直に見てみます。

・満足度の幅は44％〜マイナス35％（5点法だと3.9〜2.3）

・最高点はＡＮＡの44％（同3.9）、ＪＡＬは3位で35％（同3.7）

・外国航空会社ではシンガポール航空が最高で36％（同3.7）

もちろんこれでは、足りません。

そもそもなんのために企業は、ユーザーの満足度調査などするのでしょうか。

そう、究極的には業績向上のためです。そのための設問が「再利用意向」でしょう。

航空会社はリピート客がほとんど。だから再利用意向が大切。これと組み合わせたとき、

何がわかるでしょう。これが、この調査の本当の価値なのですが……。

制限時間は、15分です！

問題

アフターサービス満足度演習
このデータからわかることは何か
制限時間　15分

図29

	航空会社	サービス満足度指数（%）	再利用意向（%）	回答者（人）	〔5点法満足度〕（点）
1	ANA	44	88	1,076	3.9
2	シンガポール	36	85	47	3.7
3	JAL	35	80	1,152	3.7
4	エアドゥ	20	75	40	3.4
5	キャセイパシフィック	17	71	48	3.3
6	スカイマーク	7	68	84	3.3
7	ノースウエスト	6	53	124	3.1
8	ルフトハンザ	6	72	64	3.1
9	ユナイテッドエアライン	−4	55	101	2.9
10	エアフランス	−16	59	48	2.7
11	アメリカンエアライン	−17	42	44	2.7
12	中国東方	−35	29	30	2.3
（以下参考）					
	アシアナ	40	69	26	3.8
	タイ国際	30	75	20	3.6
	スターフライヤー	29	78	21	3.6
	平均	14	66		3.3

出所：日経ビジネス「アフターサービス満足度調査」2009年版に5点法満足度を加えた

解答

再利用（意向）との相関を見ないと意味がない

ユーザーの「再利用意向」は、企業の収益に直結する非常に大切な要素です。これを「サービス満足度」と組み合わせると、いったい何が見えるでしょうか。

2つの数値をグラフ化すると、「サービス満足度」と「再利用意向」が極めて高い相関関係にあることがわかります。 おそらくは、サービスが良ければ、次も使ってくれる、という因果関係が成立しているのでしょう。

- 満足度指数が1ポイント上がると、再利用意向が0.7ポイント上がる
- 相関度合いは極めて高く、[81] 満足度指数で再利用意向の9割が説明できる
- 独ルフトハンザ、仏エアフランスは満足度の割に再利用意向が高い

再利用意向を決める他の要因としては「それしか選択できない」「価格が安い」等もあるでしょう。ただ、その数年前に比べて驚くほどそれらの影響度は下がり（おそらくは差が縮まり）、サービス満足度こそが重要になっていることがわかり

81 回答者30名以上の12社でとった場合、R^2は0・89。

図30　満足度指数と再利用意向の相関

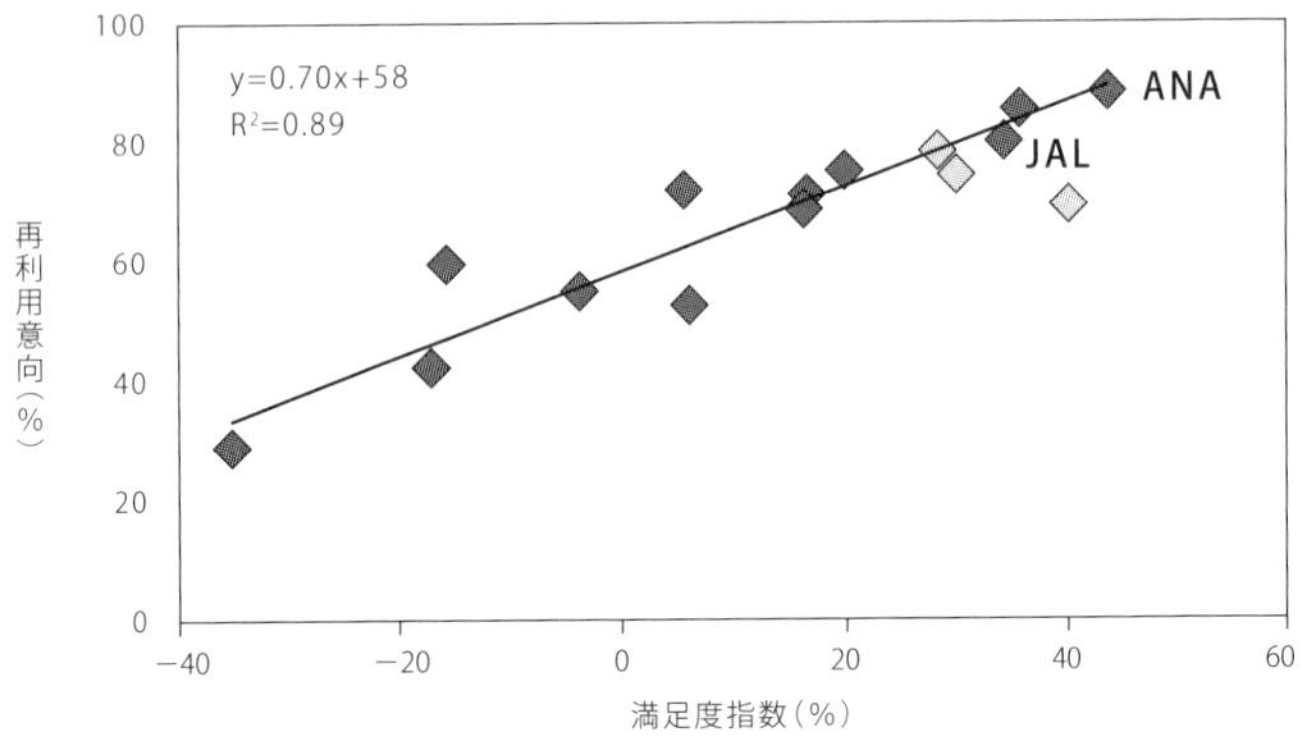

ます。（図30）

そこで、ＪＡＬとＡＮＡのサービス満足度指標の（微妙な？）差が効いてきます。

指標でたった9ポイント（5点法で0.2）の差が、再利用意向での8ポイントもの差につながっていたのです。

実は、**満足度指数9ポイントの差は「小さく」なかった**のです。

ＪＡＬはこの調査の直後、２兆３０００億円の負債を抱えて破綻しました。

国家の支援を受けてすら、その再

生への道は簡単ではありませんでしたが、それは「不満」の撲滅と、「大変満足者の5割増！」という大ジャンプを必要とするものでもあったでしょう。

そして、そのジャンプこそが新生ＪＡＬを救ったのです。

満足度調査に効く「ハカる」

顧客満足度を論ずるときの最大の問題は、**自己完結**、です。

「顧客の満足度を上げるべきだ」という意見には、誰も異を唱えられません。だから、顧客満足度向上活動はどんどん独り歩きします。

そしてすぐに、競合も関係ない、売上やコストがどうなろうと関係ない、ただ「満足度指数」が少しでも上がればいい、という極めて自己完結的（で業績上無価値）な活動[82]に変化します。

その愚を犯してはなりません。

組織というものは、公的であれ私的であれ、ある特定の顧客に対して商品やサービスを提供し、その対価をいただくものです。

82 別の言い方をすれば「ＣＳ（Customer Satisfaction）活動」でなく、「ＣＳＩ（同 Index）向上活動」となってしまうということ。さらに言えば、本来は「ＣＳを通じた収益向上活動」であるはずだが、ＣＳ向上と収益向上のつながりが無視されていたりする。

だから、**まずその対象（誰に）を明確化すること。**そして、その対象顧客においての満足度（のみ）を注視することです。

その上で、

・満足度が競合とどれほど違うのかをハカる
・そしてその差が、どう自社の売上や収益に響くのかをハカる（たとえば口コミ率や再購入比率）

この2つの組み合わせで、組織の収益向上と満足度調査が結びつきます。

指標も「5段階評価で平均3.7」といった**「平均値」を用いず、どのレベルを何%にするのか、**という数値で示しましょう。

「最高評価を5割にし、不満評価をゼロにする」といったふうに。

これらによって初めて、手間とお金のかかる顧客満足度調査が、その組織にとって価値のある調査になるのです。

「ヒトをハカる」力を高めるために

既存アンケートの「再分析」トレーニング

職場での「ヒトをハカる」力アップの基礎は、既存アンケート情報をハカり直してインサイトを引き出すことです。

これが上手になれば、世の中で怖いことはぐっと少なくなるでしょう。

題材は、巷《ちまた》にあふれる無料のアンケート調査結果で十分です。

「入浴時間調査」で取り上げたオリコンランキングの他にも、ＮＴＴコムリサーチなどさまざまなものがあり、多くの団体や新聞が日々、アンケート調査を「答え（読み取れるインサイト）」付きで発表しています。

その中から、面白そうなもの、**職場のテーマにかかわるものを見つけて、再分析**を試みましょう。

特に講師を立てる必要はありません。数名ずつチーム分けして、データの在りかを示すだけでいいのです。まずは個人で10分、手を動かして考えてもらい、次にチームで20分議論してもらいます。

気をつけるべきは、「まずはまとめず細かく見る」「グラフ化する」「差と重みでまとめる」など。

軸と目盛りの取り方ともいえるでしょう（61頁参照）。

後は各チームからの発表を聞くだけで、いかにさまざまなインサイトが、既存情報から引き出せるかわかります。そして、もともとくっついていた「答え」がいかに浅いもの[83]であったかが、わかるでしょう。

応用編としては、同じアンケートを職場内でとって、そのデータも付けること。

[83] これは半分意図的でもある。見た瞬間わかるようなことしか、メディアのメッセージ（答え）には向かない。ただし、逆もあるので注意。明らかにそう読み取れないことがメッセージになっている場合もある。

そうすれば、2つのデータの差がどこから出るかを考えることで、さらに深く考える練習になりますし、いろいろな細かい分析もできます。少なくとも、

・属性セグメント別分析（男女や年齢で分けてみる）
・クロス分析（ある設問の答えによって別の設問の回答状況を分ける）

といった分析[84]は、やってみたいところ。

これを毎週繰り返すだけで、数ケ月も経てば相当な分析スキルが身につくはずです。

三現主義でハカる、を習慣化する

職場で上司として、何が悲しいと言って「自分の思い込みだけで話す部下」と議論することほど悲しいこと[85]はありません。しかもたいてい、その「個人的思い込み」は、「世の人々の想い」として表現されたりするから、ややこしい。

「みんなそうらしいですよ」「最近はこうなんです」

84 この際、統計的な正確さは気にしないで、どんどん細かく分析してみること。

85 何より楽しいのは「言われた以外のことも自分で考え、調べてぶつけてくる部下」と議論すること。

ある「主張」に価値があるかどうかは「どれだけ世の常識を覆したか」で決まります。であれば、主張には必ず、

・常識が否定されるための「事実」（一次情報）
・「事実」から読み取れる「インサイト」
・その「インサイト」と「主張」との「つながり」

の3つが必要になるでしょう。それは、「ハカる」ことそのものでもあります。

だから、部下との悲しい会話を減らしたい、ちゃんと価値ある主張を持たせたい、ともし思うのなら、職場で「ハカる」を習慣化させることです。

では日常の仕事の中で、みなが常に意識して「ハカる」ようになるには、リーダーとしてどうすればいいのでしょうか。

それは、率先垂範《そっせんすいはん》し、トレーニングとともに、常に、部下たちに「三現主義」[86]の問いを投げかけ続けることでしょう。

86 本田宗一郎が行動指針として唱えたもの。「現場に行く」「現物（現状）を知る」「現実的であること」。トヨタの生産システムの一部としても取り上げられている。

「ファクト（事実）は何？」

「担当者やお客さんと話して（試して）きた？」

「それであなたとしてはどう思うの？」

繰り返し、繰り返し。あきらめず、何度でも。

コラム

ヒトの能力や資質をハカる

グループディスカッションからハカること

ヒトをハカる、などとはなんともおこがましい限りですが、人材の採用ともなればそんなことも言っていられません。ハカることを怠《おこた》り、判断を間違えれば、雇う方、雇われる方の双方ともにつらいことになってしまいます。だから企業側も、全力をもって志望者の能力や性格をハカり、自社にフィットするか、貢献してもらえるかを判断します。

コンサルティング会社の新卒採用[87]であれば、書類（エントリーシート）[88]選考、能力・英語試験および性格テスト、グループディスカッション、マネジャー面接、役員面接、といっ

[87] インターン（5～10日間のバイトのようなもの）を経て、採用というパターンも多いが、そこに至るにも似たようなプロセスがある。

た多段階のプロセスが用意されています。

この中でも面白いのは「グループディスカッション」でしょう。たった30分ですが、志望者たちの性格や情報処理能力、コミュニケーション能力が極めて端的に表れます。

志望者数人にあるテーマが与えられ、話し合って結論を出せ、などと言われます。面接官はその経過を観察するだけ。5人いても通るのは、ふつう0〜2名です。

グループとして出した結論の優劣はほとんど関係ありません。面接官が見ているのは、個々人の議論する能力と姿勢です。

経営コンサルティング会社で必要とされるのは、唯《ゆい》我《が》独《どく》尊《そん》の学者タイプでも口《くち》八《はっ》丁《ちょう》の営業タイプでもありません。一番ダイジな能力は、多くの異なった意見をもとに、新しい結論を導く「発展的議論力」なのです。

だからグループディスカッションを重視します。

評価シートにはハカる枠組みとしていくつかの項目が並びます。リーダーシップ、論理性、傾聴力、独創性……。面接官はそれを冷静にチェックしていきます。自分の判断が勘だけに頼らないように。

88 最近の学生のものはまったく個性がなくつまらない。添削を受けるのもよいが自分の意思がなさすぎ、かな。

でも最後には総合点として各人に1~5のグループ内順位が付けられ、かつ、◎○△などの絶対評価が付けられます。グループ中1位でも△以下ならまず通しませんし、◎なら3位でも通るでしょう。**最後は面接官の「感覚」です。「こいつと一緒に議論をするのは楽しいだろうか」という。**

それを、冷静にハカる人間が、面接官なのです。

面接官をハカって目利きを選ぶ

採用の難しさは、「短時間で効率的に内密に」やらなくてはいけない点にもあります。たとえば志望者の本当の性格や資質（粘り強さ）を知るには、家族や友人、前職での評判を聞けば間違いありません。が、どう接触するのかから始まって、これがなかなかに難しいのです。[89] そういった貴重な情報を得られるビジネスSNS、LinkedIn《リンクトイン》[90]も日本ではまだまだ発展途上ですし……。

仕方ないので、書類や試験、面接だけで判断することになります。

採用面接というのは一種、ヒトの未来をハカる場です。特に新卒相手であれば、今の能力だけ見ても不十分。彼・彼女の将来性はどうだろう、組織とのフィットは、まじめに頑

89 とはいえ、幹部クラスの経験者採用ともなれば、前職での評価などは必須。それが人材紹介会社の価値だったりもする。一方、元同僚の評価を聞かれる立場としてはつらい面もある。

90 2003年創業でユーザーは全世界3億人を超える。広告に頼らない独自の収益モデルを確立した。創業者のリード・ホフマンはPayPalの創業メンバーでもある。

張り続けるだろうか……。こういったことは、ほとんど感覚の世界です。

しかし、そういった勘を、万人が持っているわけではありません。優秀なコンサルタントが優秀な面接官とは限らないのです。

だから人事部はこっそり閻魔帳《えんまちょう》を付けています。個々面接官たちの出す評価が、他の面接官のものとズレていないか、そして実際に採用後の評価と比べてどうなのか。

すると、「このマネジャーの判断は正しい」「この役員のは甘い」等々がすぐわかります。甘いのは一律に割り引けばいいですが、バラつくのは困ります。当然、翌年からは面接官交代となるでしょう。

ただし、これをあまり面接官本人たちには突きつけないこと。

自分の判断（勘）の正しさや不正確さをハカられていると知ると、ヒトは必ず保守的になります。みんな突然、採用基準を高くして通さなくなってしまうのです。落としてしまえば、自分の判断の正誤がわかりにくくなるから。

閻魔帳は、密《ひそ》かに付けること。誰も知らないヒトの未来を知ろうとするのだから、それくらいの慎重さは必要でしょう。

目利きを見つけ、勘をハカれば、ヒトの未来が見えるのです。

第 6 章

応用「つくってハカる」ケース

うだうだ悩んでいても仕方ない。調べるっていったって限界がある。
実際につくってしまってハカってみよう。完成品で、そして試作品で。
世の中は、つくってハカるへ移行中なのだ。

つくるからこそできるハカり方

つくって聞いてみる、使ってみる、売ってみる

ここまで見てきた「ハカる」は、2種類に大別されました。ひとつは事前、ひとつは事後。

モノやサービスをつくる前に、ちゃんと調べていいものにする、勘頼りにならないようにするためにヒトは事前にハカります。新商品のアイデアやコンセプトをユーザーに提示して、その意見でハカって評価します。

そしてつくって売り始めた後に、改善・改良のためにハカります。それが満足

図31　実際に作って「ハカる」

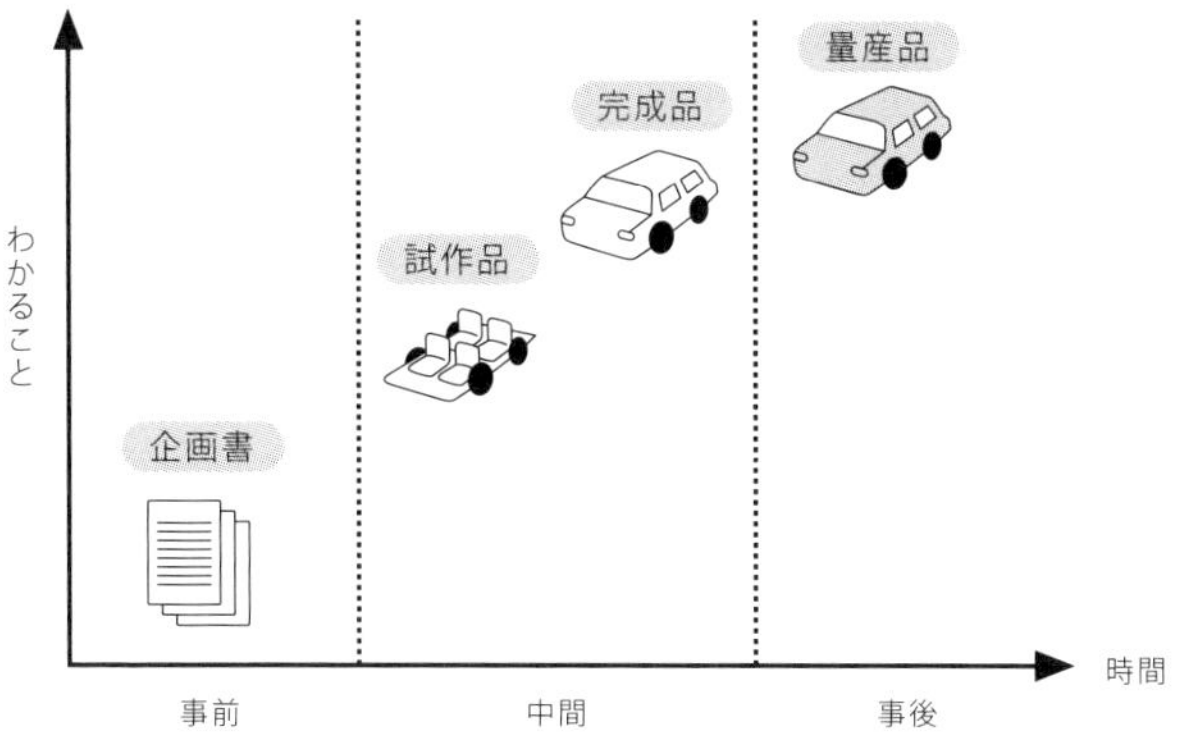

度調査やクレーム分析でした。そこから問題点を明確にし、次につなげる[91]のです。

この中間に、「つくってハカる」があります。（図31）

試作品をつくってハカって、良い商品に仕上げる。完成品をつくって、でも大々的に売り込む（生産する）前にハカって、ダメなら没にする。

どちらも、基本的にはお金や手間のかかる方法です。

しかし、しょせん事前にはハカり切れない、お金がかかっても、つくってハカった方がマシだ、という割り

91 ただ実際には多くの場合、発売したらしっぱなし。「失敗の責任追及をしない」という前向きな言い訳のもとに、真剣な反省や対応がなされない。

切りもありえます。

序章の「ＩＤＥＯのデュオドック」や「無印良品の壁棚」、後述の「オフィスグリコ」（191頁）の例が、それを教えてくれます。

ＩＤＥＯはアップルのデュオドックをデザインした際に、ビデオデッキのようなオートローディングにこだわりました。アップルはコストとリスクの両面から難色を示しましたが、ＩＤＥＯは素晴らしい試作品を提示することで、アップル経営陣の説得に成功しました。

グリコは地域限定でオフィスグリコを実際に展開することで、その事業を大きく転換・完成につなげられました。

座って悩むな、動いて考えよ！

詰まりそうなことは、最初からつくってハカりましょう。急がば回れ、は実務的にも極めて正しいのです。

完成品でハカる

ポッキーの究極的市場調査

江崎グリコ[92]はその誕生のときから「つくってハカる」を実践している会社です。

1921年、江崎グリコは設立前から大鍋でキャラメル[93]「グリコ」をつくっては、テスト販売を重ねました。そこでの好評を受けて翌年、当時の流通業界の頂点、三越百貨店を口説き落として、その店頭での販売を行い、チャネルを拡大していきました。

お菓子類は通常、開発そのものに大きなお金はかかりません。しかし、全国に

[92] ちなみにグリコの社名の由来はグリコーゲン（glycogen：ブドウ糖が連鎖したエネルギー貯蔵物質）からきている。

[93] 江崎グリコでは栄養菓子と呼ぶ。森永、明治等の大手競合に対して徹底した差別化戦略をとった。パッケージも競合の黄色に対して赤色。子どもへの訴求として、おまけ（江崎グリコではおもちゃと呼ぶ）も初めて付けた。

販売しようとすると、その販促投資と設備投資、それに在庫投資が数億～数十億円かかります。だから、ロングセラー商品にならないと、結局儲かりません。

最悪なのは、大ブームが来てそれがさっと終わること。91～93年、ハウス食品は豆スナック「ジャック」で手痛い目にあいました。エンドウ豆スナック市場は急拡大し、売切れ続出。ハウス食品は数年間、東ハト（「ビーノ」）と覇を競いましたが、消費者の飽きは早く、あっという間に市場は縮小。ジャックの累積売上は大きいながら、生産設備も在庫もムダになり、多大な損失につながりました。

スナック菓子は生産設備投資額も大きく、繰り返しのリピート消費につながらないと、高価な打ち上げ花火で終わります。それを見極めるには長期のテスト販売が不可欠なのです。

江崎グリコは完成品によるテスト販売を欠かしません。

一世《いっせい》を風靡《ふうび》した「つぶつぶいちごポッキー」は静岡県で数ヶ月にわたってテスト販売を行い、販促方法の実験および全国展開の可否を探りました。90年頃の話です。

最近でも、おつまみ市場（柿の種など）への参入を狙って、06年7月「クラッツ」を投入しました。30〜40代の団塊ジュニアをターゲットにした商品です。03年に企画はスタートしましたが、04年10月には近畿エリア１００店舗のみでテスト販売を実施。これは好評でしたが、さらに北海道で数ヶ月のテスト販売を行い、ビールユーザーへの訴求方法を練り上げました。全国展開の前には半年間、東日本限定の展開も行って、市場の反応をハカっています。

これこそが、**少数の良い商品で長く儲けるための「つくってハカる」方法**なのです。

新規事業「オフィスグリコ」のテストマーケティング

期待の新商品が実際にはどれだけ売れるのか。

それこそ企業がもっとも知りたい（ハカりたい）ことですが、消費者に身銭《みぜに》を切って、しかも競合がいっぱいの店頭で買ってもらわないと、本当のところはわかりません。だから江崎グリコは、テストマーケティングにこだわりました。

新ビジネスも、同じです。

1997年、グリコはあるアンケート[94]をきっかけに、真剣にオフィス向け新規事業の検討を開始しました。

「お菓子を食べる場所：第2位 職場 19％」

検討チームはすぐさま、**「ヤクルト方式」**のオフィス訪問販売を試します。しかし**ほんの数日のトライアルで断念**しました。午前中では売れませんし、さすがにお菓子では上司の目も気になる様子。

その後、据え置きのボックスに入れて自由に買ってもらう「富山の薬売り方式」を発案し、大阪市北区限定のテストマーケティングを始めたのが99年2月。でもそれから本格展開に乗り出すまで丸3年をかけました。

その間、ビジネスを回す中でさまざまなことをハカり続け、多くの発見をしました。

・利用者は女性中心でなく男性客が7割。品揃えもそれに合わせる
・飲料と違い、お菓子はみな新商品好きなので、3回の訪問で全部入れ替える
・代金は会社を通さず直接、箱入れで回収。回収率は97％と十分高い
・売上の単品管理を行わず、個数のみを管理。手間を省く

94 「いつどこで食べるか」に踏み込んだ数週間の生活実態調査。お菓子を食べる場所として、1位の「家庭」（70％）に次いで、2位「職場」（19％）が多かった。

事業の売上は3年で約40億円にまで成長し、56の販売センターのうち一部は、黒字になりました。

新規事業での事前調査は、とても難しいもの。可能なら、まずは小さく始めてみること。それが究極のハカる手段です。

ZARAは売切れ御免で流行をハカる

いまや世界一のアパレル企業となったインディテックス。世界に6700店舗（2015年11月）を有し、ZARAを初めとした8ブランドを展開しています。急追するH&Mとは異なり、強力な自社工場と物流センターを持ち、超高速での新商品投入を武器にしています。

スペイン本社でのデザイン決定から世界中の店舗に並ぶまで、わずか2週間[95]という速さ。年間2万種類の新デザインを投入し、売切れ御免でどんどん次の新商品へとつなげています。

ファッション業界は、そこで活動する企業にとってリスクの塊です。流行（こ

95 改良品の場合。まったくの新商品なら4〜5週間。既存品の再発注なら24〜48時間。

れが一番大きい）、気候（暖冬ならコートは売れない）、景気（不景気でまず最初に削られる）。

だからＺＡＲＡは、「流行を先読みする力」には、頼らないことにしました。今年の流行はこれですよという宣伝（情報発信ともいう）をして「流行をつくり上げる」こともしません。代わりに**新製品をどんどん出して、消費者の「本当の」好みを探って、それに合わせていきます**。

市場投入後1週間で動きが悪ければそのアイテムは店頭から除かれ、追加注文もキャンセルされます。常に「今の流行を追う」ためです。

さらに、どんなに売れていても、4週間以上は店頭に並べません。顧客に繰り返し来店してもらうために、そして「今買わないとなくなる」感を出すために。

結果、ＺＡＲＡ愛好者は平均年に17回（3週間に1回）来店する[96]といいます。他のブランドでは年4回というから大差です。

これによって、ＺＡＲＡはさらに「今の流行」を知ることができます。

流行を予測せず、忠実にかつ迅速に追いかける。そうすれば、売上も安定し、かつセール（叩き売り）の比率が下がって収益性も上がります。

96　04年、ロンドン中心街における調査結果。97時価総額ベース。日本のトップ10企業に、設立から20年以内の独立系のベンチャーは1社もいない。

新商品を迅速につくって、流行をハカる。その仕組みが世界一のアパレル企業を生んだのです。

ビジネスそのものをつくってハカる米国ベンチャー群

米国では、ビジネスそのものが「つくってハカる」形になっています。

新規分野でのビジネスの成功・失敗なんて、やってみなきゃわかりません。でもあたればデカいので賭ける価値はあるはず。

マイクロソフトもシスコシステムズもオラクルもデルも、創業20年ほどで米国のトップ10企業[97]に名を連ねました。グーグルはわずか10年です。だから、若者たちはベンチャーを興《おこ》し、投資家はリスクをとって資金を提供します。立ち上げに失敗しても「いい経験」と見なされ、起業家には次のチャンスが与えられます。

アマゾン創業者のジェフ・ベゾスもその典型です。

1994年春、彼は生まれて間もない「インターネット」の利用率が、異常な速度で上昇していることに気づきます。なんと前年比23倍！

[97] 時価総額ベース。日本のトップ10企業に、設立から20年以内の独立系ベンチャーは1社もいない。

彼は「インターネットをコミュニケーション以外に使おう」と、**ネットで売れそうなものを20個リストアップ。その筆頭が「本」**でした。

本はすでに店頭だけでなく通販でも売られていました。でもアイテム数[98]が多すぎて、紙のカタログでは限界があります。インターネットならそれが効率的にできるはず。リアル書店でトップ企業のシェアも20％以下。これはチャンス！

その夏、彼はヘッジファンド会社での上級副社長の職と高給を投げ打ち、妻とともにニューヨークを発ちました。家財を乗せた引っ越し業者にはただ「西海岸へ走ってくれ」と頼んで。

トラックが西に走る間、彼らはテキサスまで飛び、そこで継父から中古のシボレー[99]を手に入れます。車はシアトルへと走り、即日家を決め、ワークステーションを3台買って、ビジネス立ち上げに取りかかります。トラックはまだ、着いていませんでした。

そんなスピード感こそが、アマゾンの成功の秘訣であり、「ビジネスそのものをつくってハカる」仕組みこそが、米国産業全体の強さの源なのです。

98 当時、流通している品種数が一番多いのが本で160万種、次がCDで20万種だった。

99 ベゾスの両親は、老後資金も投資（24・5万ドル）して創業を助け、結果的に、億万長者になった。

完成品でハカる、に必要な2つの「覚悟」

商品でも、ブランドでも、そしてビジネスそのものでも、完成品をつくり上げてから、その成否をハカることが有効なときがあります。

・不確実性が高すぎて、事前にハカり切れないとき
・完成品をつくり上げる投資がそれほど大きくないとき

などです。食品やファッション、ネットビジネスは確かにこれらに合致します。とはいえ、すべての企業が「つくってハカる」わけではありません。完成品までつくっておいてテスト販売をして、ダメでした、ではやはりダメージが大きいので。

その新商品の開発担当者は、組織に数億円の損害を与えたように感じるでしょう。ふつうの社員、ふつうの組織では耐えられませんし、支えきれません。

でも、「事前にハカる時間やコストがもったいないとき」「他社が躊躇《ちゅうちょ》する間に、優位性が築けそうなとき」には、素早く「つくってハカる」ことが求められます。

だから、**ベンチャーを初めとしたオーナー経営（的な）会社に、こういった「完成品をつくってハカる」組織が多い**のです。

たとえばこれまでのサントリーもそうだったのでしょう。「やってみなはれ」[100]という創業者の言葉に象徴されるベンチャー精神が、多くの新商品や新規事業を生み出してきました。歴代のオーナー経営者たちの覚悟の産物です。

ただし、これを成り立たせるためには、さらに条件があるでしょう。それが**「撤退基準の明確化」です**。

テスト販売、ヒットアンドアウェイといいながら、すべての案件を通していては意味がありません。ＺＡＲＡの「１週間動かなければ店頭から撤去」といったような、明確な撤退基準をつくること。そしてそれを守ることです。

これも「完成品をつくってハカる」を成功させるために必要な、経営者の覚悟です。

[100] 創業者 鳥井信治郎が好んで使った。サントリーの言う『「結果を怖れてやらないこと」を悪とし、「なさざること」を罪と問う社風』の源。

試作品でハカる

IDEOの試作力：5分間バージョン

序章で紹介したデュオドックは、IDEOの「組織としての試作力」が存分に発揮された例でした。たった2週間の間に10以上の試作品をつくり続けたこと、でき上った試作品でアップル側を感動させたことは、まさにプロ集団の成せる技、IDEOの組織としての試作力の賜《たまもの》でした。

しかしIDEOには、一個人によるブレークスルーの例も多いのです。

あるとき、デザインの対象となったテーマは「慢性副鼻腔炎《まんせいふくびくうえん》」[101]。クライアント

[101] 俗に蓄膿症と言われるもの。重症の場合、外科的手術が必要になる。

図32　副鼻腔炎手術用電動メスの試作品と製品

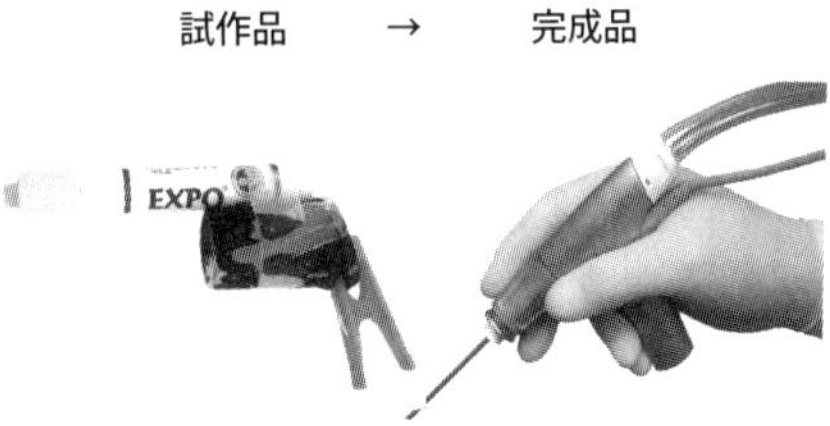

Gyrus ENT Diego prototype©IDEO; product©Rupert Yen
写真引用元：『イノベーションの達人！』55頁　早川書房

は世界有数の手術器メーカーであるGYRUS《ジャイラス》[102]でした。その耳鼻咽喉《じびいんこう》科部門がIDEOと新しい手術器具の構想を練ることになったのです。

GYRUSお声がかりのベテラン医学博士たち相手に、IDEOのメンバーたちは議論を進めます。いつもと違ってなんだか、お堅い雰囲気です。新しいアイデアについて身振り手振りの議論は、すれ違い、膠着《こうちゃく》し、まったく進みません。さて困りました。

そのときIDEOの若手エンジニアがひとり、部屋を飛び出していきました。

5分後、彼は「ホワイトボードのマーカー」を銃身にしたおもちゃの鉄砲のようなモノを持ってきて、斯界《しかい》の権威たちに手渡して言いました。

「こういうものを考えていたのではないですか？」

102 本社は英国。08年にオリンパスが約2千億円で買収しグループ化。

「そう、まさにこれだよ！」

慢性副鼻腔炎手術用の新しい器具の構想は一気に進み、「ディエゴ」という製品に結実しました。小型の銃のように握り、細い針状の回転ブレードを備え、リング状のつまみで回転数を調整する。その特異な形状の電動メスは、いまや業界のスタンダードとなりました。

この試作品（とも言えないような初期モデル）をつくるのにかかった時間は、5分ほど。コスト[103]は、3ドルくらいでしょうか。

イメージを具現化することが、まずは試作品の役割です。

そしてここでの教訓は、**「試作品は荒削りでよい」「高きを望むな」**ということ。

IDEOの幹部トム・ケリーは言います。

「荒削りな試作品をどんどんつくる」が社風となったとき、見違えるほど多くのアイデアが具体化するようになる、と。

103 この試作品をつくるのに使われた材料は他に、フィルム容器と洗濯ばさみとテープのみ。

住宅シミュレーションで顧客ニーズをハカる

新築住宅の着工件数は２０１４年度が約88万戸、そのうち戸建て注文住宅は28万戸。毎年28万人の施主が頭を悩ませ、数万人の営業担当者たちが知恵を絞っているわけです。

またリフォーム市場は約８兆円。軽微なものからほとんど建替えに近いものまでさまざまですが、これも同様です。毎年数十数百万人が、新しい住まいを夢見て、悩んでいます。どこに何をいくらで頼むべきかと。

住宅プランニングでもっとも重要なポイントは、間取りと外見のデザイン決定です。

住宅の住み心地は、８割方間取りで決まります。しかし、間取り決めは、多くの「制約条件」と、多くの「家族の希望」とがせめぎ合う、熾烈《しれつ》な戦場です。ただせっかくできてきた間取り案も、図を見ているだけでは実感がわきません。そのとき威力を発揮するのが「内観図」の作成です。

住宅の満足度を上げるもうひとつの柱は外見です。が、これまた検討が難しい。

基本デザインは、屋根のかけ方は、外壁の材質は、色は。それらは周囲の景観や隣家のデザインと合うものなのか。これまでは、パース（立面図）を専門家（建築士）に描いてもらいながら、思い悩むしかありませんでした。

ところが、**一部の専門家の特殊技能であった「内観図」や「パース」の作成が、PCを使って極めて簡単にできるように**なってきました。

たとえばメガソフト社の「3Dマイホームデザイナー」[104]は、1996年11月の発売以来、多くの施主（素人）、営業担当者（玄人）等の支持を集め、65万本以上を出荷したベストセラーソフトとなっています。

企業側としてはこういったシミュレーションソフトを、提案書作成に使う場合が多いのですが、その本当の価値は、提案後の詰めにあります。

仕様の最終決定までには多くの打ち合わせを重ねることになりますが、「顧客ニーズ」は多くの場合、極めて曖昧です。それを「ハカる」には、〝実物〟をつくって見せるしかありません。

だからPC上で、つくるのです。

104 もともと開発者は「趣味で自宅やドールハウスなどがデザインできるソフトとして」つくったとか。

顧客ニーズはシミュレーションでハカりましょう。

ひと手間かかりますが、打ち合わせの効率化のみならず、後での手戻りが大幅に少なくなって、施工現場でのコストダウンにもつながります。

プロトタイピングでサイトの使いやすさをハカる

ソフトウェア開発において、事前に試作品《プロトタイプ》をつくるプロトタイピング手法が普及してきています。特に利用されているのは、「ユーザビリティ（Usability）」、つまりソフトウェアの使いやすさをテストする場面においてです。

操作画面にどんなボタンをどう配置すべきか、どんな情報をどの大きさで出すべきか、そういったことは「使ってみないと」わかりません。だから、つくるのです。

インターネットサイトのユーザビリティ改善を手がけるビービットは、ユーザビリティを「ハカる」ためのさまざまな手法を開発しています。

現状のサイトが使いやすいかどうかをハカり、改良版のプロトタイプではどうかを、実際にユーザーに使ってもらうことでハカります。それを設計の各ステップで繰り返し、その改善に効果があったのかどうかをハカるのです。

しかし、そもそもサイトの設計上で知りたいのは、ユーザーの「行動パターン」です。

インターネットサイトの利用者たちは、いったいサイト上をどう動き回って、最終的な目的を遂げる（もしくは途中で離脱する）のでしょう。クツ販売サイトでのクツ購買、をとってみても、利用者たちの動きは、実に複雑で多種多様です。これをちゃんとハカらない限り、良い設計はできません。ムダな試作品の山を築くことになります。

ユーザーたちの購買行動パターンをハカるために、ビービットが採用したのは、「インタビュー」でも「アンケート」でもなく、**「観察」**という手法でした。

プロトタイプを実際に使ってもらい、それをビデオ撮影したり、視線トラッカーで視線の動きを記録したりします。そこからは、設計者が思ってもみなかったユーザーたちの迷走や割り切りが見て取れます。

単なる「使いやすさ」を超え、売上（や販促）につながるユーザビリティ改善[105]は、プロトタイプとユーザーの行動観察によって初めて、実現されたのです。

仮想空間でつくって壊して試作車激減、設計変更20分の1

コンピュータ上での試作・評価（ハカる）が、劇的な効果を生むことがあります。たとえば乗用車の安全性を最終的に確かめようと思えば、試作車をつくってどんどんぶつけて、その壊れ方を調べなくてはなりません。でも試作車を1台つくるのに下手をすると数ヶ月、数億円がかかります。

しかし、日本の自動車会社はいまやそういった試作車を、ほとんどつくりません。設計開発の9割方は仮想的に行われ、かつて30ヶ月かかった設計開発工程（外観デザイン承認から生産開始まで）が、3分の1の10ヶ月になりました。

コンピュータが思いの外《ほか》、活躍したのは「部品干渉」や「作業性」のチェック作業で、でした。部品同士はぶつからないか、生産設備が邪魔にならないか、手や工具を入れにくい場所がないか、作業者にムリな負担がかからないか。

105 東京建物では、サイトリニューアル後、ウェブ経由のモデルルーム見学の申し込みが3倍になった。ネット生保のパイオニアであるライフネット生命保険では、保険契約申し込みが24％増えた（契約高では月40億円増加に相当）。

トヨタの副社長は言います。「かつて（設計段階での、生産時の）作業性の見極めは、最熟練の技能工にしかできなかった。今ならコンピュータ上で容易にできる」と。

時間・費用・人材だけではありません。品質にも劇的な変化をもたらしえます。以前なら1車種開発するのに、途中1万件もの設計変更があったものが、仮想設計開発によってなんと20分の1になったというのです。

09年、デンソー子会社のデンソーウェーブは、外観《がいかん》検査ライン[106]のシミュレーション技術を構築しました。

ヒトによる目視検査に頼っている製品外観検査を、自動化したいというニーズは産業界に強く存在します。しかし、実際には検査ポイントの数が膨大、かつカメラやロボットの調整作業が大変で、現場での試行錯誤がつきものでした。しかも製品が変われば調整のやり直しです。

これをシミュレーション技術によって事前確認することで、現場での調整作業を5分の1に減らすことができました。

106 最終製品の汚れや傷、歪みなどの外観をチェックする工程。

産業界にはまだまだこういったテーマが転がっています。

実際やってみなくてはわからないことは、悩まず即やってハカるべきです。さらにそれを仮想的にできるならそれに挑戦しましょう。桁違いの成果が待っています。

ただし、仮想はあくまで仮想。決して頼りすぎることの、ないように。

アポロ13号、地上部隊による試作品で危機脱出

映画『アポロ13』[107]は、宇宙からの生還をかけた4日半の戦いの記録です。舞台は月への軌道上、地球から32万km地点。突如爆発があり、宇宙飛行士3名の究極のサバイバルゲームが始まります。

生還のための壁はいくつもありましたが、そのうちのひとつが「CO_2濃度の上昇」でした。酸素は十分積んでいましたが、CO_2の処理能力が足りませんでした。空気中の濃度[108]が7%を超えれば、ヒトは意識を失います。

本来月に降りて戻ってくる予定だった着陸船と、月上空で待機し最後に地球大

107　95年作品。主演トム・ハンクス。アカデミー編集賞、音響賞を受賞。

108　大気中の二酸化炭素濃度は0・04%弱。

気圏に突入する司令船。3名は危機後、避難のため着陸船にいなくてはいけませんでしたが、そこには2名×2日分のCO_2処理能力しかありません。3名×4日は到底ムリです。このままでは、帰路半ばで死んでしまいます。

司令船側のCO_2フィルターを使いたくとも、規格が違って上手くつながりません。でも、**着陸船のフィルターとなんとかつなぐしか生き残る道はありません**でした。

地上側（NASA）は、それに素早く対応しました。事故直後から問題に気づき、対策が立てられたのです。方針は、①司令船のフィルター（四角）を着陸船のそれ（丸）とをつなぐ、②そのための「カートリッジ」を船内でクルー自身につくらせる、でした。

それには、試しにつくってみるのが一番です。NASA有人宇宙飛行センター[109]には、訓練用に実際の宇宙船と瓜二つのものがありました。エンジニアたちは、その訓練用宇宙船の中にある材料だけで、「カートリッジ」を見事につくり上げ、組立手順書をつくり、アポロ乗組員に伝えました。

「いいか、材料は金属ケースに粘着テープ、廃棄物用の袋、宇宙服のホース、それと飛行マニュアルの表紙に靴下だ！」

[109] 61年設立。73年よりジョンソン宇宙センターに改称。

アポロ13号は「輝かしき失敗（successful failure）」と呼ばれます。その奇跡的帰還をもたらしたのは、こういった**「試しにつくってハカる」ためのインフラと、エンジニアたちの行動力と発想力**でした。

こんな失敗できない一発勝負のときこそ、「試しにつくってハカる」が有効です。実物大のシミュレーションは役に立つのです！

試作品でハカる、に必要な2つの「スタンス」

これまでに見た5つの事例のうち、3つは試作品によってユーザーのニーズや使いやすさをハカるものでした。その**コツは、**

- **基準を思い切って下げる**（ちゃちゃっとつくってハカる）
- **使用者の「行動」をハカる**（言葉による意見に頼らない）

こと。IDEOはデュオドック開発時に、10以上の試作品をつくりましたが、最初のものは合板の箱とプラスティックの板だけのものでした。スタートは、それでいいのです。

試作品の価値は、アイデアの良さを確認することにありますが、まずいアイデアをどんどん打ち落とすことにもあります。

だから、試作品は単純・簡素・低品質で構わないのです。

精密なミニチュア模型[110]でなく、簡単なコンピュータ・シミュレーションを使いましょう。つくり込まれた画像でなく、A4の紙に書いたスケッチ群を、ユーザーにぶつけてみましょう。ちゃんと仕上げてから、と渋るデザイナーを説得して、本当のラフスケッチをユーザーに示すのです。

そのためには、**自分自身の品質基準を下げねばなりません。**お客さんにはキレイなものを出さないと、というこだわりを捨てるのです。

できるだけ早い段階で、ユーザーの本当のニーズを明らかにしたいがために試作品はつくられます。そしてそれは、見て使ってもらって、初めて意味があります。使うことがイメージできるものにさえなっていれば、十分です。そして、ユーザーがとった行動を、ハカりましょう。

110 家の模型（色付き）をつくってもらったら、1個4万円はする。納期も数週間はかかる。

「つくってハカる」力を高めるために

カフェ・ラボをつくる

叩き台[111]、という言葉があります。

みなで議論をするとき、話があちこち飛びすぎて非効率にならないよう、議論ベースとなる「仮案」のことです。何か新しく発想するにしても、台があった方がジャンプはしやすいもの。

コンサルティング会社では「絶対誰かが叩き台を持ってくる」という暗黙の了解（プレッシャー）がありました。「叩き台なくして議論なし」です。

111 若手コンサルタントたちは自分たちのつくる資料のことを、自虐的に「叩かれ台」と言ったりする。

もちろん下手なものを出せば、とてもつらい目にあいますが、それも自己修行のひとつ。上手くいけば、自分の考えた枠組みで仕事が進むのですから、それだけの労力をかけ、リスクを取る価値はあります。そう思って、みなやっていました。

試作品も、同じです。

最終的には**「試作品なくして議論なし」の雰囲気をつくり上げること**です。

試作品は、つくっていれば人が寄ってくるという集客性があり、かつ、自分もやってみよう、という伝播《でんぱ》力が強いもの。ということは、最初のきっかけづくりと、それをオープンな場所でやることで自然と広まる可能性があるということです。

そういった**オープンな試作品づくりの場所を、「カフェ・ラボ」**と名付けます。オフィスの中で、人が往来する通路脇とかに設置しましょう。休憩室そのものを改造してもいいでしょう。

紙や粘土等の材料と、ハサミやテープ等の工具類[112]を揃えます。無料のお茶の類《たぐい》も必須です。そこで、試作品づくりの研修・トライアルから始めましょう。

112 お金があるなら「3Dプリンター」とかもどうだろう。CADデータから、いきなり立体の色付き試作品がつくれる。安いものでは5万円弱から。

カフェ・ラボも、まずはやってみること。試作品自体と、同じです。やってみないことには、その本当の価値はわかりませんから。

伝説をつくる

1989年の導入以来、ゲームセンターでロングセラーとなったのが、ナムコ(現バンダイナムコゲームス)の『ワニワニパニック』です。5匹並んだワニが、口を開けながら迫ってきます。それをハンマーで叩いて得点を競うゲームです。

開発担当者は現会長の石川祝男《しゅくお》でした。

当時、入社9年目で念願のゲーム部門に配属[113]されたばかり。勇《いさ》んで企画を出すものの、モグラ叩きゲームの二番煎《せん》じだと、部長に却下されました。

絶対に面白い、と確信があった石川は、手製の試作品をつくります。材料はスリッパと棒と段ボール。コストはおそらくゼロ。

スリッパをワニに見立てて、「チャンチャカチャン」と実演して見せました。部長の大笑いとともに、企画は無事通過したとのこと。

[113] 配属されたのは業務用ゲーム機部門。世はファミコンブームのまっただ中で家庭用ゲーム機部門が花形だった。あおりを食らって仕事がなく、ヒマだったとか。

この話はもちろん、ナムコ社内で語り草となり、その後も同社内での企画プレゼンテーションでの必殺技となったといいます。

その後、『ギャラクシアン』『パックマン』『ファミスタ』『鉄拳』『太鼓の達人』『ゼノサーガ』等とヒットを続けたナムコでしたが、2003年、ナムコ初の恋愛アドベンチャーゲームが企画されました。キーワードは「動き萌《も》え」……。

ふつうにいったら絶対了承を得られないと考えた開発担当者は、キャラクターだけでなく「場」をつくって上司の壁に挑みました。

上司のいる会議室に、類似ゲーム愛好者を30名集めて、企画やキャラクターを一緒に説明したのです。愛好者たちの反応を直接上司に伝える「場」をつくったことで、このナムコ初の試みは実現へ[114]と踏み出しました。

つくってハカることに踏み出す勇気をヒトに与えるために、「ジャンプした成功事例」を大切にしましょう。そしてそれを伝説として、語り継ぐのです。

114 『ゆめりあ』として発売された。販売目標10万本に対し3〜4万本が売れた。

コラム

最初に何が起こったのか？

最初に「何が」、落ちたのか？
コンチネンタル・エクスプレス2574便

航空事故では必ず、**アメリカ国家運輸安全委員会（NTSB）**を筆頭とした国家機関がその調査の任にあたり、再発を防ぐための努力を続けてきました。それに成功したことも、また失敗したこともありましたが……。

NTSBらは、いったいどんな「ハカる」手段を駆使して、事故の原因究明を進めているのでしょうか。

まずは1991年9月11日に墜落した、コンチネンタル・エクスプレス2574便について見てみましょう。

機体はブラジル、エンブラエル社のEMB-120 ブラジリア。30人乗りの双発ターボプロップ機です。小規模なコミューター路線に最適だということで、アメリカの多くの航空会社が採用したベストセラー機でした。

それがテキサス上空で**爆発音とともに墜落、乗員・乗客14名全員が死亡**する事故となりました。パイロットからの「メーデー」の発信もない、あっという間の墜落でした。

メディアは「テロだ！」と書き立てましたが、NTSBの調査官らは冷静に調査を始めます。まずは事故機の破片の回収から。どこに何が落ちているのか、特に、最初に「何が」落ちたのかを知るために。

破片の落下状況が語ること

多くの墜落事故の場合、破片の落下範囲は墜落場所付近に限定されます。しかし、もしそれが広範囲に散らばっていたなら、それは飛行機が空中ですでに分解していたことを示します。

このときもそうでした。破片は非常に広範囲に散らばっていました。その上、「爆発音がした」という証言が多かったので「爆破テロだ！」となったのです。

その可能性を念頭に置きながらも、調査官はまずヘリコプターに乗って、破片の分布状況を確認しました。すると破片は狭い扇状に広がっていました。

その要《かなめ》の部分、つまり**最初に落下したのは機体の後部、尾翼部分でした**。尾翼が爆破、されたのでしょうか？

ふつう爆発物は荷物に隠されることが多いため、テロなら貨物室が最初に破壊され落下するはずです。かつ、破片に爆発物の痕跡がなかったので、爆破テロではないことがわかりました。

落ちた尾翼部分を見てみると、水平尾翼の左前縁《ぜんえん》部分が欠落していました。尾翼の前縁を滑らかな形状にするための、半筒状の鉄板です。これは事故の後に外れたのでしょうか、それとも事故の前に外れたのでしょうか。

機体破片の散らばる扇の要付近をしらみつぶしに捜索することで、ついに見つかりまし

図33　Embraer EMB 120 Brasilia

た。それは尾翼部分よりさらに手前に落ちていたのです。つまり、**水平尾翼の前縁欠落が、「最初に起きたこと」**だったのです。

整備の引き継ぎミスが、最新鋭機を操縦不能にした

結局、墜落の原因は整備ミスでした。２５７４便は、前夜に水平尾翼の前縁交換を予定していましたが、それが極めて中途半端に行われていたのです。

時間に押されて、整備の午後チームが前縁交換の途中までやりました。前縁を固定するボルトを外して、夜間チームに引き継ぎました。

でもその引き継ぎは、非常に杜撰《ずさん》なものでした。チームリーダー同士が「前縁は両方外した？」「いや、右だけだと思う」「じゃあ、時間足りないから右の交換だけにしよう」と口頭でやっただけ。

でも本当は、**検査担当者が親切心から作業を手伝って、左の前縁のボルトも上半分だけ外してしまっていました。**でも彼はそれを所定の「引き継ぎ用紙」に書き込むこともなく、外したボルトを尾翼の上に置き去りにしたままでした。だって、前縁は両方換えると思っていたから。

翌朝EMB-120ブラジリアは、左水平尾翼の前縁上部がまったく固定されていないまま、空に飛び立つことになりました。それが着陸アプローチに入ったところで剥《は》がれ落ちたのです。これが、**NTSBが整備関係者全員に行った聞き取り調査**からわかったことでした。

しかし、事故の5年前にデビューし、3年前に製造されたばかりの最新鋭機だったにもかかわらず、たったそれだけのことで操縦不能になってしまうのでしょうか。

NTSBのシミュレーション結果はイエス、でした。水平尾翼前縁が滑らかでないと、機体の空力特性は劇的に変化し、通常の操縦では制御不能となってしまうことがわかりました。

すべての整備記録を残し、引き継ぐ、という鉄則が守られていなかったこと、検査担当者が「作業結果を検査する」という職責を逸脱した（検査担当者が作業したらそれを検査する人がいなくなる）ことが、事故の原因とされました。

パータンエアー394便が最初に「落とした」もの

1989年9月8日、ノルウェーのオスロを飛び立ったパータンエアー394便がデンマークとの間の公海上に墜落し、乗員乗客55名全員が死亡しました。航空管制レーダーで、事故機から何かが分離したようにも見えた直後の悲劇でした。

これも爆発音があったこと、広範囲に破片が散らばったこと、さらには引き上げた破片に爆破物の反応があったことで、やはり「爆破テロ!」と騒がれましたが、爆発物の痕跡《こんせき》は非常に微《わず》かで、海底で付着[115]したものと判明します。

海底から引き上げられたAPU（地上でのみ使う補助動力装置[116]）の内部に他の破片が入り込んでいたことで「飛行中に作動していた」ことがわかりました。かつ、APUを支持するボルトが1ヶ所破損していたことも。**飛行中に無理に回されていたAPUの振動が、近くの尾翼を破壊したのでしょうか。シミュレーションの計算結果はノーでした。**APUの振動だけでは、尾翼の破壊には至りません。

ノルウェーの事故調査担当官たちは、海底から引き上げた数十万点の破片を、倉庫の中で組み上げていきました。すべての部品に番号が振られているからこそできる復元作業です。**破片の9割が回収されたとき、調査責任者はそこに「ない」部品に気がつきます。**垂直尾翼の方向舵パネルです。垂直尾翼内部にある方向舵を動かす重りを格納するパネルが、そこにはありませんでした。レーダーに映っていた「何か」[117]はこれだったのです。

事故機が最初に「落とした」から部品は、方向舵パネルだとわかりました。パネルが外

115 ノルウェーとデンマークとの間の海域では、歴史上多くの戦闘が行われ、海底には大量の爆破物が残っている。

116 通常は地上に駐機中の電力供給用に回す発電機でこの機体の場合は尾翼下部に設置されていた。飛行中はエンジンに付いた発電機が電力を供給する。

117 アルミのハニカム製なので、レーダー波を反射しやすい。戦闘時に相手レーダーを攪乱するためのチャフにも使われる素材。

れた結果、方向舵を動かす重りが絡《から》まってしまい、方向舵が傾いたまま固定されて操縦不能に陥ったのでした。

その先にあった暗黒の偽部品マーケット

ではどうして方向舵パネルが落ちてしまったのでしょう。

旧式のフライトレコーダーが、その機には昔から異常振動があったこと、それがいったん治《おさ》まり、また増加したことなどを教えてくれました。

治まったときになされていたのは、垂直尾翼を留めるボルトの交換でした。4本のうち1本に、金属疲労の兆候があるとのことで交換されていました。それで揺れが治まったということは、ボルト自体に問題があったということです。

海底から回収されていた4本のボルトを検査した調査官たちは驚きます。なんとそのうち3本が正規品でなく偽《にせ》部品だったのです。しかも強度は規定の6割しかありませんでした。それでは揺れて当たり前です。

結局、事故当日、飛行中に運転されていたAPUの振動と、垂直尾翼自体の異常振動が共振して起きた「結合共振波」が、方向舵パネルを吹き飛ばした元凶でした。

たった数千円の偽部品が、55名の命を奪ったのです。

しかし、それらにはちゃんと正規品であるという保証書までついていました。もちろん偽の証明書です。**この3本の偽ボルトの先には、もっと深い闇が待っていました。**

ノルウェー政府から報告を受けた国際民間航空機関（ICAO）の担当者は、**ICAOの部品保管庫を確認してショックを受けます。なんと半分以上が偽部品だったのです。しかも、仲介業者から購入したものだと95％が偽物でした。**

図34　コンベア580

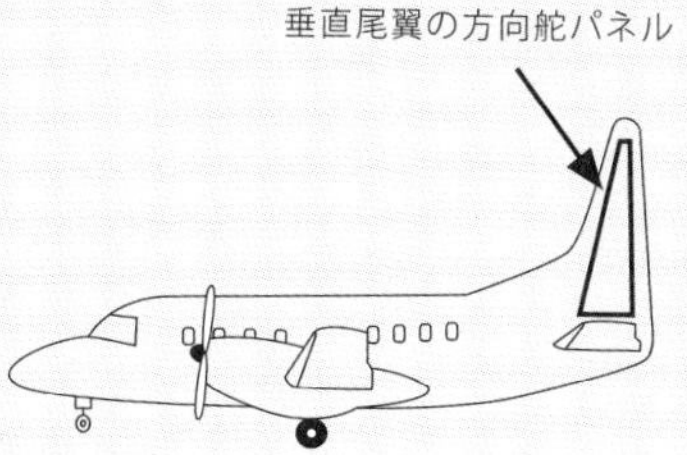

年間4兆円の部品マーケットの多くが、偽物で埋め尽くされていたのです。米国大統領が乗るエアフォースワンですら例外ではありませんでした。

この事故を契機に、航空機部品市場に対する規制が、初めて真剣に考慮され、実行されていきました。

最初に何が「燃えた」のか。スイス航空１１１便

最後は１９９８年9月2日に起きた、スイス航空１１１便の墜落事故です。ニューヨークを飛び立った1時間後に操縦席背後で火災が発生し、操縦機能を失ってその20分後にカナダ沿岸の大西洋上に墜落しました。墜落時の衝撃は３５０Ｇ。乗員乗客２２９名全員の命が失われました。

ここでも、破片の回収が最優先事項でした。

事故原因は火災だと早くにわかり、かつその原因のひとつがファーストクラスの電子娯楽機器の過大な消費電力だということもわかりました。しかもそれが、キャビン電力のバススイッチを迂回《うかい》していて、バススイッチを切っても供給され続けるものだと。スイス航空はすぐさま、ファーストクラスの電子娯楽機器を利用停止にしました。

しかしまだ、本当の火災原因がわかりません。過大な電力消費が、どこでどのように火災につながったのでしょう。しかも、たった十数分で操縦機能を失わせるほど激しく。

翌年カナダ政府は、オランダのサルベージ船をチャーターして、海底の泥ごと破片を回収することにしました。吸い上げた泥を、浜辺につくった池に溜め、排水した後に選り分けて、数百万個の破片を回収しました。

そしてついに操縦席後部に、1本の欠陥ケーブルを見つけました。その部品から火災が始まっていたのです。しかし、より大きな問題は、その周りの「防音断熱材」が、耐火基準を満たしていたにもかかわらず、盛大に燃えていたことでした。

でも、実際に燃やしてみたらすぐわかりました。**自己消火性があると考えられていたPET素材は、まったくそうではなかった**のです。[118]

以後、耐火基準は書き替えられ、PETを部材に使うことは禁止され、使用中の機材においても2005年までには改修されることが義務付けられました。

カナダ政府は4年半、45億円をかけてついに、事故の真因を探りあてたのです。

どうハカるのか。「最初に何が起きたのか」を理解する

最終的な原因がどうあれ、航空事故の調査方法でもっとも重要なのは事実を積み重ねることです。その事実の多くはフライトレコーダーやボイスレコーダー、そして、壊れた機体そのものが語ってくれます。

機体の破片の散乱範囲の大小で、どんな高度で破壊が起こったかがわかります。また、その分布の仕方でどこから壊れていったのかがわかります。

118 PET(ポリエチレンテレフタレート)は発火温度が508℃と他の樹脂に比べて低くはない。かつ、燃やしても有害ガスやダイオキシンが発生しない。しかし繊維状にすると難燃性のものでも容易に燃えるようになる。

そして、事故原因を探る上で、一番知りたいのは何が「最初に」壊れたのか（燃えたのか）です。それも破片が教えてくれます。そうしたら、それがなぜ壊れたのかを探ればいいのです。

しかし調査官たちは同時に、疑わしきモノに対して必ず「それは十分条件か」を確認しながら調査を進めていきます。

「水平尾翼の前縁部が欠けるだけで操縦不能になるのか？」（↓なる）

「APUの揺れだけで尾翼は壊れるのか？」（↓壊れない）

「APUと尾翼の揺れが合わさるとどうか？」（↓結合共振波で尾翼が破壊される）

「ケーブルの過熱だけで火災が起こるのか？」（↓なる。繊維状のPETのせいで）

時系列を遡って原因候補を突き止め、それが結果を引き起こすのに十分であるかを確認する。そのために**必要なのは事実の収集能力であり、再現能力、そして過去から未来に向けたシミュレーション能力**です。

イノベーションに向けた「組織の」試行錯誤能力とは、そういった力でもあるのです。

あなたのビジネスでは、失敗から何を学べていますか？

学ぶための能力を、どう準備していますか？

第７章

応用
「新しいハカり方を創る」ケース

ハカることでの最大のチャレンジは、新しいハカり方を創造すること。そこからこそ、見えなかった未来、想像もしなかった答えが見つかるだろう。ノーベル賞も、Wiiも！

新しいハカリ方への挑戦

エドウィン・ハッブルの夢

ヒトは、仮説を証明するために、新しいハカリ方を生み出します。しかし、**新しいハカリ方の真の価値はその仮説以外の答えや問いを示してくれる**ことにあります。

予期せぬ発見こそが、われわれの常識を打ち破り、科学やビジネスを、大きく進化させるのです。

エドウィン・ハッブルをご存じでしょうか。今はその名を冠した「ハッブル宇宙望遠鏡」の方が有名かもしれません。

ハッブルは近代を代表する天文学者のひとりで、初めて天の川銀河系外の銀河《ギャラクシー》の存在を明らかにし、それらをグループ分け[119]し、そして、遠くの銀河がいずれも、われわれから遠ざかっていることを見つけ出しました。

個別の銀河でみれば、われわれから見ていろいろな動きがあります。たとえば銀河系のお隣であるアンドロメダ銀河は、秒速３００㎞でこちらに近づいて来ています。30億年後には、ぶつかってひとつになるでしょう。

ただ、それらは宇宙のスケールで見れば、近所の細事。大きく見れば、近所の銀河は少しだけ、遠くの銀河はかなり、そして非常に遠くの銀河[120]は光速並みの速度でわれわれから遠ざかっています。どちらの方向を向いてもそう。

図35　ハッブル宇宙望遠鏡〔HST〕

119 「ハッブル分類」と呼ばれ今も使われている。

120 最遠は１３１億光年先の天体。ほとんど光の速度で遠ざかる。ちなみに宇宙は誕生から１３６億年。

つまり、宇宙は風船のように膨張し続けている、のです。

ハッブルはその事実を**「セファイド変光星」という特殊なタイプの星をマーカーにすること**で見つけ出しました。それは遠くの銀河との距離をハカる、画期的な方法でした。**銀河系間の距離のハカり方**が発明されたのです。

ただ、変光星の分類と観測精度が十分ではなく、結論として出した膨張スピードが速すぎたため、彼自身、自分の結論を信じることが出来ませんでした。

晩年彼は、天文学を宇宙物理学としてとらえようという運動を行いました。1953年9月、彼は心不全で亡くなりましたが、それはノーベル財団がそれまでの方針を変え、天文学者も物理学賞の対象とすることにし、彼を最初の受賞者と決めた直後[121]のことでした。

その37年後の1990年、NASAが打ち上げたハッブル宇宙望遠鏡《Hubble Space Telescope》（HST）こそ、「まったく新しいハカり方」の創造でした。

Answer unasked questions 問わざれし問いに答ふ

121 受賞の通知前に亡くなったので受賞はしていない。享年63。

しかし、**HSTのデビューは失望と戸惑いに満ちたもの**でした。そのファーストライト（最初の観測データ）を見た天文学者やNASA職員たちは、悲鳴を上げました。

「ピンぼけだ！」

製造上のつまらないミスで、主鏡（直径2・4m）と副鏡が2ミクロン（1㎜の500分の1、工作機械の加工精度限界程度）平たすぎたのです。

この歪みのため、得られた解像度は設計のわずか2％となりました。揺らめく大気の底にある地上の望遠鏡よりはましですが、16年間1000億円かけてつくった価値がありません。修理するにも数百億円かかります。しかも早くて3年後……。

NASAは数ケ月後、画像処理ソフトウェアを改良[122]して解像度を設計の58％にまで回復させました。これで、相応の活躍が出来るようにはなりましたが、NASAは、完全修理を目指しました。

結局その後6回にわたって、HSTには大規模な補修が施され、設計性能を超える能力と、2015年以降までの延命を果たしました。

[122] 歪みの少ない中心15％の光だけを処理して、ピンぼけを解消。しかしその分、暗くなる。最初に公開されたのは土星の写真。

ＮＡＳＡはなぜそこまで、ＨＳＴの性能向上にこだわったのでしょう。

ＨＳＴ打ち上げ3ヶ月後の90年7月、高名な理論宇宙物理学者であったジョーン・バコール博士は米国下院で証言を行いました。ＨＳＴは直ちに修理されねばならない、そのための予算が必要だ、と。

その証言の中で彼は、修理が成功すればこれこれの研究成果が上がると、次の4つを挙げました。

「宇宙の大きさがわかる」「クエーサー[123]の謎が解ける」「最遠の天体が見つかる」「太陽系外の惑星が見える」

いずれも当時の最先端問題です。もともとそれらに答えを出すために、その観測（ハカる）のためにＨＳＴはつくられました。だから設計性能通りでないと、意味がないのです。

しかし、彼は証言の最後に「個人的見解」としてこう言っています。

「しかしながら、もしＨＳＴの発見がそれら4つに留まったなら、私は大いに失望するでしょう」

「ＨＳＴの本当の目的は、想像もしていなかったものを見つけ、未だ問われてもいないことに答えることなのです」[124]

[123] Quasar 異常に活動的で大きなエネルギーを放つ天体。太陽の10兆倍程度。

[124] discover unimagined objects and answer unasked questions

「それらこそが、最高の発見というべきでしょう」

HSTは打ち上げの5年後、見事その想いに応えました。

HSTが全能力を駆使して生み出した「ハッブル《Hubble》・ディープ《Deep》・フィールド《Field》（HDF）」と呼ばれるその1枚の写真[125]には、3000もの超遠方銀河が写っていました。**それまで誰も覗いたことのない、宇宙の深淵、初期宇宙の姿**が、そこにはありました。

そのたった1枚の写真から、書かれた論文数はなんと400超！

それは、新しいハカり方による、大きな革新でした。

125 撮影された342枚の画像を補正の上、合成してつくられた。

テクノロジーでハカる

落第生の執念「カミオカンデ」が引き当てた「超新星」

日本にノーベル賞（2002年）をもたらした2つの「新しいハカり方」があります。ひとつが島津製作所のシニアフェロー田中耕一による「ソフトレーザー脱離イオン化法」であり、もうひとつが小柴昌俊博士による「カミオカンデ」でした。

前者は「タンパク質の質量」をハカるもの、後者は素粒子「ニュートリノ」をハカるもの。いずれも、それまで人類がハカれなかったものをハカるための、世界最初の手段でした。

小柴博士は自称・落第生です。自分の推薦状に自ら「成績は良くないが、バカではない」と書いて恩師・朝永振一郎《ともなが》博士[126]にサインしてもらったとか。でも実験（ハカる）系の科目の成績だけは「優」でした。彼はそれを究《きわ》めたのです。

幽霊粒子と呼ばれたニュートリノを発見しよう（ハカろう）とする試みが、世界中でなされる中、日本は小柴博士のアイデアを採択し、閉山間近の神岡《かみおか》鉱山に「カミオカンデ」を建設しました。ニュートリノを、捕まえろ。総工費約4億円弱の大事業でした。

完成から4年経った1987年、16万光年かなたの大マゼラン星雲内での超新星爆発が観測されました。超新星から放出された膨大なニュートリノのうち、11個をカミオカンデが捕捉しました。これまでの**机上の理論を裏付ける、世界で初めてのデータ**でした。

その日は、カミオカンデが（太陽や超新星から放出される）低エネルギーのニュートリノも捕らえられるように改造された2ケ月後、小柴博士が東京大学を定年退官するたった5週間前の出来事でした。

[126] 1965年、場の量子論の矛盾を解決する「くりこみ理論」によりノーベル物理学賞受賞。

しかし、これは単なる偶然ではありません。小柴博士のハカることへの執念（と野生のカン）が引き寄せたものなのです。

・カミオカンデのアイデアを彼は採択の19年前から持っていて、建設の打診を受けた翌日には企画書を提出した
・カミオカンデは本来別目的（陽子崩壊に伴うニュートリノ捕捉）用だったが、低エネルギーの太陽ニュートリノにも対応しうるようつくっておいた[127]

本当に役に立つ「新しいハカり方」を創るのには、きっとこういったスタンスが必要なのでしょう。**時期を逃さないこと、そして、少し余裕を持たせておくこと。**そのとき、新しいハカり方は、われわれに思いもかけぬ真実を見せてくれるのです。

門外漢のプロがつくった画期的「微量タンパク質の質量測定法」

[127] 結局これは捕捉されず、それを予言した当時の「標準理論」に大きな修正を迫った。

微量の試料にどんなタンパク質が含まれているのか、知りたい。それがハカれれば、創薬にも病気の診断にも役立ちます。でも、それまでの方法ではタンパク質が破壊されてしまって、うまくハカれませんでした。その壁を打ち破ったのが「レーザーイオン化法」です。

グリセリンとコバルトを混ぜたものをもとの試料に加えることで、タンパク質を壊さずに、その質量をハカれたのです。それが田中耕一の発見でした。

ノーベル化学賞につながったこの大発見は、本人曰く、**4つの偶然が重なって生まれました。**

- コバルト粉末[128]をアセトンに混ぜるはずが、間違えて隣に置いてあったグリセリンに混ぜてしまった（曰く a monumental blunder：記念碑的へま）
- 高価な粉末をただ捨ててはもったいないとそのまま使って測定を行った
- グリセリンを素速く乾かそうとレーザーをあて続けた
- 「1分でも早く測定結果を知りたかったので」ずっと測定器をにらんでいた

彼の目の前で、測定器はある信号を検出しました。これまで、欲しくても得ら

128 粒径数十ナノメートル（1㎜の100万分の1）の超微粉末。当時、日本メーカーしかつくれずジャパニーズパウダーと呼ばれた。光を反射せず吸収してしまうため黒色で、温度が急激に上がりやすい。

れなかった、試料中のタンパク質の質量を表すものでした。1985年2月、2年間の試行錯誤の末のことでした。

もちろん、ただ偶然の積み重ねだけでこの発見がなされたわけではありません。まず彼が門外漢（大学では化学でなく電気を専攻）で「レーザーでタンパク質はムリ」という**化学の業界常識を知らなかった**こと、そしてもうひとつは実験のプロとして**「ノイズほどの信号を見落とさなかった」**こと。

これら素人の視点とプロの技が生んだ「レーザーイオン化法」が端緒《たんしょ》となって、「ＭＡＬＤＩ」[129]が生まれ、最先端のタンパク質研究を支えています。

ただし、残念だったのは勤務先である島津製作所が、それを享受《きょうじゅ》しきれなかったこと。製品化は出来ましたが性能が十分でなく、たった1台しか売れませんでした。そのまま研究開発も停滞してしまい、自社ではＭＡＬＤＩまでたどり着くことなく競合他社の後塵《こうじん》を拝することになったのです。

２００３年に同社内に設立された「田中耕一記念質量分析研究所」は、もう一発の逆転を狙って「新しいハカリ方」に挑んでいます。

彼の「血液中の微量タンパク質から病気の早期診断」というテーマは国家プロ

129 マトリクス支援レーザー脱離イオン化法（Matrix Assisted Laser Desorption/Ionization）。

ジェクトとして推し進められ、5年間計40億円が投じられました。60名が取り組んだ研究によって画期的な測定法が開発され、測定感度は1万倍に上がりました。「血液1滴でアルツハイマー病の早期発見」の実用化は目の前です。「生涯一エンジニア」たる田中耕一の夢の実現を期待しましょう。

3D加速度センサーで自由を得たWiiリモコン

任天堂Wii《ウィー》は、さまざまな業界常識を破りました。ユーザーに何を提供するのか、メーカーやソフト会社は何で儲けるのか、そして、ユーザーはゲームをどう操作するのかを。

その独特の棒状コントローラーは「Wiiリモコン」と呼ばれ、振り回す、傾ける、(箱の上に置いて箱を)叩く、などの新しい、でもとても簡単な操作方法をユーザーに提供しました。

それを可能にしたのは「3D加速度センサー[130]」でした。

使われているのはSTマイクロエレクトロニクス製のもの。5×5×1.5㎜という小ささです。これが、コントローラーの状態(加速度や傾き)をハカります。

130 Dは Dimension(次元)。日本語では3軸加速度センサーとも呼ばれる。

図36　Wii リモコン

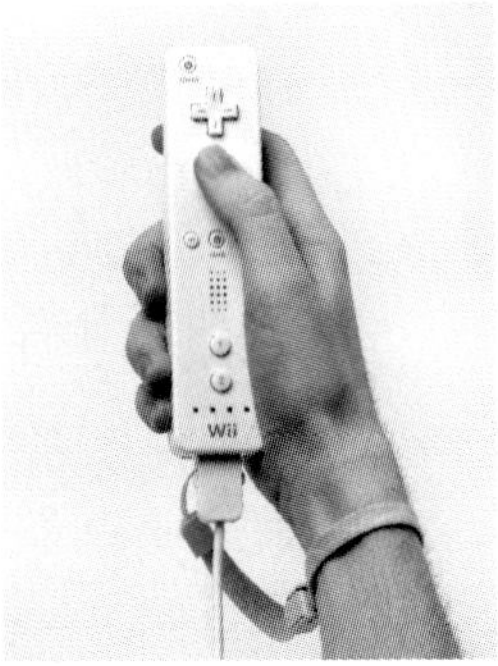

センサーの中核である微細なシリコンチップの中には、なんと宙に浮いた可動部分があります。厚さが15ミクロン程度の櫛状《くしじょう》の扇子《せんす》といった感じ。一般の半導体と同じような技術[131]でつくり込まれています。かなり丈夫で1万Gの衝撃にも耐え、電力も食いません。

こういった高性能のものが、自動車のエアバッグ用に開発され、低価格で手に入るようになったので、ゲームコントローラーにも取り入れられました。

Ｗｉｉリモコンへのアタッチメントとして開発された「Ｗｉｉモーションプラス」には「ジャイロセンサー」が組み込まれています。ジャイロは飛行機の姿勢制御に使われるようなものですが、これを取り入れたことで「回転」がハカれるようになりました。

131 MEMS（メムス:Micro Electro Mechanical System）と呼ばれる。

加速度センサーは直線的動きをハカるのには強いですが、ひねり（回転）がわかりません。だからゲームでいえば、ゴルフクラブのフェースの開き具合がわかりませんし、ラケットでスピンがかけられません。

ジャイロセンサーは、デジタルカメラの手ぶれ防止回路に使われるようになって、爆発的に小型化と低価格化が進みました。でも、カメラ用のままでは使えません。結局「ピンポン」用などに必要なスペックを考えて、能力を5倍に上げました。これで1秒間に4回半、腕をひねっても大丈夫です。

その他幾多《いくた》の困難を乗り越えて、「Ｗｉｉモーションプラス」はリリースされ、1000万台近くが売れました。今では、Ｗｉｉリモコン自体に内蔵されています。

Ｗｉｉリモコンは、多くのソフト会社に「奥の深いスポーツゲーム」「より直観的な操作」の可能性を提供しました。

本体に同梱された『Ｗｉｉスポーツ』（世界8000万本）や続編の『Ｗｉｉスポーツリゾート』（同3200万本）のみならず、釣りやスキー、スノーボードなど、**多くの名作が生まれたのは、新しいハカり方を手に入れた、コントローラーのお陰でもあった**のです。

タニタによる歩数計の進化

歩数計[132]の市場規模は、年間400万台程度で成熟していました。

そこに新しいハカり方を導入し、市場を年間600万台程度にまで押し広げたのが、体重計や体《たい》組《そ》成《せい》計で有名なタニタです。

ここでも、「3D加速度センサー」がその立役者です。

もともと歩数計は、ふりこ式のセンサーで歩数を検知していました。カチカチとひたすら歩数を刻みます。それがデジタル化され、加速度センサーが使われるようになりました。

でもまだ2D加速度センサーだったので、どんな方向の動きでもハカれるわけではありません。だからやっぱり腰にちゃんと付けないと不正確でした。美と健康に敏感な女性たちにとっては、それが不便であり、ファッショナブルではありませんでした。

どの方向に動こうがちゃんとハカれる3D加速度センサーが、歩数計に組み込まれるようになって、初めて**「バッグの底に入れていても大丈夫」**になりました。

2006年のことです。

132 「万歩計」は山佐時計計器の登録商標。一般名称は歩数計。

もちろん消費カロリー計算だってしてくれます。1日のカロリー消費量をグラフにして出す工夫もしたことで、タニタの歩数計は多くの女性ユーザーを獲得しました。

09年には新しい「目盛り」も導入しました。「メッツ」と「エクササイズ」というものです。メッツは運動の強さを表し、エクササイズ[133]はそれに時間を掛けたもの。厚労省が06年から「週に23エクササイズの運動を」とその普及を推進しています。

安静時の運動強度は1メッツ。ふつうに歩いて3メッツ、ジョギングだと6メッツです。通勤等で毎日1時間歩いているなら、週に3×1×7＝21エクササイズなので、後2エクササイズ分の運動を増やすだけで十分です。週に20分のジョギングを加えれば推奨値の23エクササイズに届きます。

最新の歩数計は、歩数だけでなくこういった運動強度をハカり、かつ、健康のための運動量の目安まで示してくれるのです。

これも、新しいハカり方（3D加速度センサー付き歩数計）、新しい目盛り（メッツ等）による健康器具の革新なのです。

133 エネルギー消費量（kcal）＝1・05×エクササイズ（メッツ・時）×体重（kg）で計算できる。

ロングテールを実現したアマゾンのおすすめ機能

グーグルに対して、もう一方のインターネット界の覇者がアマゾンです。

1994年の創業後、予定通りの大赤字[134]を出しながら「堅実な」高成長を遂げました。01年のネットバブル崩壊時には、株価が6ドルを切るまでに売り叩かれましたが、その間も成長を続け、翌年には売上高50億ドル、初の黒字を達成しました。

アマゾンの高成長を支え続けたものは、なんだったのでしょう。

近年いわれているのは「ロングテール[135]」効果です。書籍に限っても、アマゾンの品揃えは大手書店旗艦店舗の数倍に及びます。それらの**「滅多に売れないマイナーな本」が売上の4割を占める**といいます。需要が1店舗に集中するインターネット書店、そして物流面での集中在庫・配送システムならではの話です。

しかも、売れ筋のものと違って、**もの凄くマイナーな商品は、値引きをする必要がありません**[136]。だってここでしか手に入らないのですから。

しかしユーザーは、ただ数百万冊の本を画面上に並べられても、上手く選べま

134 ネット書店としての品揃えを広げつつ、膨大な投資を行い全米に物流拠点を築いて翌日・翌々日配送を可能にした。

135 マイナーなものも数を集めると大量になること。よく首長竜のしっぽに例えられるが、あんなに太くはない。マイナーなものはほとんど売れないので、実際にはキリンのしっぽの先の毛が10㎞続く感じ。

せん。分野やテーマごとに多少分類してもムリです。画面の大きさの制約は厳しいのです。

そこで役に立っているのが「A9」と称される検索・レコメンデーション機能です。個々人がアマゾンで何を買ったか、どれをクリックしたかをハカって、それに沿ったおすすめ本を推測して表示します。

より簡単で強力なのは「この本を買った人は、こんな本も買っています」というおすすめです。これはひとりひとりの購買履歴をハカってつなげさえすれば、出来ること。とても手間ですが、決して複雑な処理ではありません。

ところがリアル書店は、これをやりません。食品スーパーでも「野菜の脇にクック・ドゥを並べる」くらいのことはするのに、書店では同じテーマでも新書と文庫と単行本がまとめて並べられることは、ほとんどありません。

いや、やろうと思ってもそんな情報をハカっていないのですからやりようがないのです。購買情報はその時々で処理され、ある顧客が過去、どの本とどの本を買ったかなんてわかりません。

ロングテールを実現するためにも、顧客の行動をハカり、その興味を理解する

136 価格維持の再販制度がない英米では、新刊でも2〜3割引で売られている。

ことがもとになります。アマゾンはそれを購買と閲覧履歴をつなげてハカったのです。

「新しいハカり方」が、アマゾンの900億ドルの売上高を支えています。

ドップラー・レーダーで竜巻をハカって被害警報へ

竜巻規模を（事後的に）ハカるためのFスケールを考案した、藤田博士の究極目的はしかし、単なる研究ではありません。竜巻発生の予報であり、被害予測でした。それによって初めて、人と財産が救われるのです。

藤田博士は竜巻の発生メカニズムを解明し、竜巻が主にスーパーセルと呼ばれる親雲に付随すること、そしてそこで生まれる渦が地上に達したとき竜巻となることを見出しました。

そしてさらには、技術の進歩が彼の夢を後押しします。風速がわかるドップラー・レーダーの全米展開です。

ドップラー・レーダーとは、野球のスピードガンと同じ原理で相手のスピードを測るレーダーです。雲や雨滴のスピード、つまりは雨風のスピードがわかります。

弱点は1基のレーダーで捉《とら》えられる範囲が狭いこと。しかし竜巻被害が深刻だった米国では、1990年代に入って気象用ドップラー・レーダーの配備が進み、96年には160基が配されました。さらに廉価版（5万ドル程度）が開発され、全米に多くある地方のテレビ局も独自に小型ドップラー・レーダーを設置しました。

これらによって、**竜巻もしくはその前兆（スパーセルなど）の風速がリアルタイムでわかり、そこからくる被害の予測**を人々に伝えることができるようになってきました。

現在の米国での竜巻予報の的中確率は25％を超えるといいます[137]。人々はそれを信じて判断し行動します。時間がなければとにかく地下室への避難です。

ドップラー・レーダーの開発と普及により初めて、「被害レベル状況⇓推定風速」から**「風速⇓被害レベル推定」**への転換が現実になったのです。

自然災害から人と財産を守るという藤田博士の夢は、テクノロジーの後押しで、ついに実現しました。

137 2010年から気象庁が始めた「竜巻発生確度ナウキャスト」の的中率は5～10％。ただし捕捉率は2～3割。

ヒトでハカる

返済能力を仲間からの信頼でハカったグラミン銀行

新しいハカり方は、テクノロジーによるものだけに、限りません。ヒトの智恵と工夫で、いろいろなハカり方が可能です。

世界では30億人もの人々が貧困状態にあるといいます。貧困層の子どもたちの就学率は低く、貧困の連鎖を生んでいます。これをなくすための手段として期待されているのが「マイクロクレジット」というものです。数百円〜数万円の「少額無担保融資」であり、多くが融資対象を女性としています。

1974年、バングラディシュの大学教授だったムハマド・ユヌス[138]は、ポケッ

[138] 2006年にグラミン銀行とともにノーベル平和賞を受賞。彼は「慈善は悪だ」と言う。

トマネーから27ドルを出し、飢饉《ききん》にあえいでいた42家族に融資[139]しました。76年にはそれが大学の実証実験プロジェクトとなり、大学周辺の村が対象となりました。活動は爆発的に広がり、83年、グラミン銀行[140]設立となりました。09年時点で貸付対象者は787万人、貸付総額[141]は81億ドル（平均1人103ドル）、支店のある村の数は8万以上に上ります。

当初は、みな懐疑的でした。貧困層への融資業務など成り立つのかと。お金を貸すのに担保をとれば簡単ですが、それでは借り手がいなくなってしまいます。無担保なら借り手はいますが、その返済能力や意志がハカれないので貸付リスクが大きすぎます。確かに100ドル貸すのにいちいち与信審査、個人調査なんてやっていられません。

そこでグラミン銀行はハカり方を変えました。

「借り手の返済能力」を、担保ではなく「仲間からの信頼」でハカることにしたのです。

借り手たちは、同性5人1組のグループをつくり、個々人の資金計画についてグループ内でチェックすることを求められます。お互いに連帯保証人ではありま

139 後に全額が返済されたという。

140 「グラミン」はベンガル語で「村」を意味する。都会の貧困層（スラム街の住民など）には融資を行わず、農村部でのみ業務が行われている。

141 利率は年20％程度。インフレ率10％もしくは、貧困層向け高利貸しの年200％に比べれば、非常な低金利。

せんが、同じ村の中なので互いのことはわかっています。これではムリな融資を頼むことはできません。

結果として返済率は、95％を超える高率となっているといいます。

自律的なマイクロインベスティゲーション（少額融資審査）という新しい枠組みによる「ハカる」が、マイクロクレジットを支え、数千万人への融資を可能にしたのです。

返済意志を手のたこでハカったバンク・オブ・アメリカ

バンク・オブ・アメリカの創設者は、アマデオ・ピーター・ジアニーニ。イタリア・ジェノバからの移民の子として生まれ、12歳から継父の青果物卸の仕事を手伝い始めました。

14歳で学校をやめてフルタイムで働き始め、19歳のときには卸会社の共同経営者となり、31歳でいったんリタイアしました。

翌1902年、金融会社に転身しましたが、2年後には独立し銀行を立ち上げました。その名もバンク・オブ・イタリー、「イタリア銀行」です。たった1部屋からの出発でした。

その2年後、本拠地のサンフランシスコを、大地震[142]が襲いました。

多くの金融機関が営業を停止する中、ジアニーニは周りの反対を押し切って、融資活動を翌日には再開しました。酒樽《さかだる》2つに板を渡しただけのものを店舗にして。

個人や中小企業主に、地震からの再建資金を貸し付けたのです。

そのときの**貸付条件は「その人の手にたこがあること」**でした。それを彼は「懸命に働く意志、返済する意志がある証拠」と考えたのです。

その果断な行動は実を結びます。

「1ドルの損失も出ませんでした」「それどころか、何千人もの新しい友人を得たのです」

友人とも呼べる親密な顧客の獲得を可能にしたのは、ジアニーニの決断と「手のたこで返済意志をハカる」枠組みでした。

その後もバンク・オブ・イタリーは、業界の常識[143]を破りながら成長を続け、28

142 1906年、マグニチュード7・8。人口40万人に対し3千人が死亡し、22万人以上が家を失った。これによって西海岸の中心都市がロサンゼルスに移った。

143 「銀行は農業や畜産・水産業者には融資しない」「他州には支店を出さない」など。

年にはニューヨークの貸付機関だったバンク・オブ・アメリカを買収します。

そのムダのない、消費者や中小企業主に向いた革新的な経営は、世界最初のクレジットカード「ＶＩＳＡカード」[144]を生み出し、ネーションズバンクとの合併を果たし、そしてサブプライムローンショックを乗り切って、メリルリンチを買収しました。

バンカメ（バンク・オブ・アメリカの略称）はいまや米国最大の金融機関となり、彼の夢を名実共に超えた「アメリカ銀行」となりました。

未来を専門家たちの私見でハカるデルファイ法

「科学技術の中長期予想」[145]「少子高齢化と人口減少社会に対応した生活サービスの抽出」「大学図書館の将来像」「大規模ＩＴプロジェクトの予算見積り」「サッカー指導者が評価するサッカータレント尺度」

これらはすべて、デルファイ法[146]という調査手法によって、その答えが導き出されているものです。

144 58年、バンカメリカカードとして誕生。76年からVISAに。

145 ２００４〜05年の調査によれば「プロ将棋の名人を破るソフトウェア」の技術的実現時期は、２０１７年と推定されている。

146 ギリシャの地名、アポロン神殿がある。そこで巫女から授けられる「デルファイの神託（Oracle of Delphi）」は神意と尊ばれた。ただし、神託は詩の形で授けられ、解釈が多様にありえた。

もともと、デルファイ法は米国で、軍事予測のために開発されました。アメリカ空軍は冷戦下、お抱え研究機関のRAND《ランド》にこんな注文を出しました。

「敵国が米国の産業を壊滅させるのに要する原爆の数はいくつか？」

RANDはさまざまな予測手法を試しましたが、ろくな結果が出てきません。問いが曖昧すぎますし、技術進歩も読み切れません。

困りに困ったRANDが創り出したのが、この「ヒトでハカる」手法だったのです。

・そのテーマの専門家たちにアンケートを採る
・その結果を集約して専門家たちにフィードバックする
・その上でまたアンケートを採る

これを複数回繰り返すことで、専門家たちの予想範囲はかなり収斂《しゅうれん》してきます。

しかし、その収斂が、単なる多数派への迎合《げいごう》であっては価値がありません。だからデルファイ法では、

・ちゃんとした専門家を幅広く選ぶ。素人ではダメ
・専門家は匿名で参加。師弟関係や名声に影響を受けないようにする
・**少数派の意見を重視する。その意見を全体にきちんとフィードバックする**

ことが重要となります。

身の回りでも、これを応用できます。まず、そのテーマの大家《たいか》たちに聞き回ります。聞いたことを（誰の意見かとは言わずに）次の人にフィードバックします。そこで考えてもらって次の意見を聞き出し、そしてまた……。

これもまた、大家2～3人の間を、陰で取り持つミニ・デルファイ法（？）として、ハカりがたきをハカるための役立つ手法といえるでしょう。

チェックリストと独自検査員で中古車の質をハカったオークネット

もともと中堅の中古車ディーラーに過ぎなかったオークネットが、1985年に世界で初めて「中古車TVオークション」を始めたのは、偶然ではありません

でした。

創業社長の藤崎眞孝《まさたか》（1942〜93年）は当時の中古車オークション（現物車両の競売会場）の在り方に、強い不満を持っていました。「競売会場は便利だけれども手間がかかる」と。

仕入れのために競売会場にわざわざ出向く手間、行っても品質チェックも仕切れずに問題を起こすリスク、全国130に散らばる会場での出品数の少なさ。さらに出品（卸売り）するためには、会場まで現車を運んでいかなくてはならず、もし不成約であればまた運んで帰る数万円のコスト。それがイヤなら安値でも売ってしまうしかありません。

藤崎は「オークションを通信でやったら」と思いつきました。

オークネットが築いたTVオークションシステムは、公衆回線を使いながらも、競《せ》り信号の送受信をわずか0・2秒で行える画期的なものでした。参加者は、全国どこからでも（現車を手元に置いたまま）出品し、気に入ったものに応札することができました。現車を動かすのは成約してからの1回だけ。運送費の節約だけで、システム利用料はもとがとれる計算です。

ただ問題は、「オークション参加者の数」でした。

既存の競売会場主催者や業界団体から「業界の秩序を乱す」との反発を受け、会員５６０社でのスタート[147]となりました。しかし、藤崎自らの営業（説得）や、迅速な機能改良のお陰でスタート1年後の86年には会員が１０００社を超え、88年には最大の業界団体である日本中古自動車販売協会連合会（中販連）との業務提携を果たし、会員数は１５００社にもなりました。

さらに翌年には衛星回線を利用した「よりリアル（現実感と即時性）」なシステムをリリースし、競合を突き放しました。

ネットオークションのもうひとつの問題は、「車両品質情報の提供」でした。

中古車には二つとして同じ状態のものがなく、その品質をどう参加者の代わりに評価し伝えるかが難題でした。藤崎の実弟清孝《きよたか》（現社長）らが中心になり、その方策を編み出しました。**オークネット独自の品質評価基準をつくった**のです。そしてそれをもとに**訓練された専門の検査員を派遣**し、出品車をすべて事前に査定することにしました。

検査部隊は96年、オークネット・インスペクション・サービス（現ＡＩＳ）と

147 出品台数はわずか１１９台。

して独立し、トヨタ、ホンダ、日産、マツダとの連携も実現しました。オークネットの中古車評価方法が、業界標準になったのです。

多くの中小中古車ディーラーにとって、オークネット利用は、収益の向上にもつながりました。現車の競売会場と違って、焦って売り飛ばす必要が減ったからです。買い手も増える中で、いい商品にはより高値がつくようにもなりました。

離れた多(売り手)と多(買い手)を電子的につなぐeマーケットプレイス(電子取引所)は、その後、インターネットの時代に爆発的発展を見せます。しかし1980年代にその先鞭《せんべん》をつけたのは、日本のオークネットだったのです。そしてそれを支えたのは「独自の品質標準」と「訓練された検査員」たちでした。それは、中古車に対する「新しいハカり方」の勝利でもありました。

「新しいハカり方を創る」力を高めるために

身の回りからハカり方を探す！

創造には2つのアプローチがあります。過去の学びからの創造と、過去を切り離しての創造です。新しいハカり方を創る力を高めようと思うなら、まず取り組むべきは、前者です。**身の回りにどんな「ハカる」が潜んでいるのかを見つけ出して、徹底的に分析することから**始めましょう。

「対象（特にヒト）をどうハカっているのか」「つくってからハカることをして

いないか」といったことに気をつけていれば、自分の知らなかった「ハカる」がどんどん見えてきます。そうすればしめたもの。

・大きさ、形、色、位置、運動といったモノの属性や状態
・年齢や職業、趣味や嗜好、感情といったヒトの属性や状態
・優良顧客かどうか、有望商品かどうかといった予測

ヒトも企業も、動物たちも植物たちも、この世のすべてを、必ず「ハカって」生きています。その手段・方法、軸・目盛り・組み合わせ方を見つけましょう。その中から、自分の仕事や生活に直接役立つものも見つかるでしょうし、多くの「ハカる」パターンも見えてくるはず。組み合わせを変え、パターンを破れば[148]そこに新しいハカり方が生まれます。

ひとりで探すのが寂しければ、チームで探しましょう。2人だって可能です。**1日ひとつ、発見した「ハカる」を披露し合う**のです。そして論評し合います。1年続ければ700もの「ハカる」が貯まるはず。その量が、新たな「ハカる」への扉となるでしょう。

148 常に新しい測定・計測技術に敏感でいることも必要。ピンときたら迷わずコンタクトすること。技術側も、常に新しい応用分野を探している。

スケールは、広められてこそ価値がある

藤田博士はFスケールを世の中に広めるための、大きなアドバンテージを持っていました。彼の盟友でもあったアレン・ピアソン（Allen Pearson）が、竜巻予報を担当する組織[149]のトップだったからです。そしてその提案から2年後の1973年、Fスケールは正式に竜巻規模指標の標準規格として採用されました。

そのときには、藤田・ピアソン共同でFujita-Pearson scaleがつくられていました。ピアソンが得意としていた地上調査からわかる「竜巻の航跡幅と長さ」を藤田スケールに組み込んだ改訂版です。

それは藤田博士からピアソンへの最高の贈り物だったのかもしれません。しかもそれでFスケールが世に広まるなら安いものです。**スケールは広められて、共通に使われてこそ価値が出る**のですから。

それは、現代のあらゆる「標準化戦争」の根源でもあります。あなたは、この世をハカるどんな「モノサシ＝スケール」をつくりますか。そしてどう広めますか。

[149] 現 Storm Prediction Center。NOAA の下部機関。

コラム

アクシデントでなくインシデントをハカる

バシキール航空2937便とDHLの空中衝突は予防できた

2002年7月1日の夜、ドイツ南部の上空で、モスクワからのバシキール航空2937便とDHLの貨物機DHL611便が衝突し、双方の乗員乗客71名が亡くなりました。才気活発な小中学生60名を含む大惨事でした。

民間航空管制会社であるスカイガイドの管制官は当日、管制機器や電話回線のメンテナンスや不調により手足をもがれたような状態の中で、その2機を同じ高度の同じ場所に誘導してしまいました。

衝突の43秒前、彼はそれに気づいて2937便に「高度3万5000フィートまで降下せよ」との指示を出して別の機の管制に戻りました。

でも、その数秒前、両機の「空中衝突防止装置TCAS[150]」は互いを捉え、衝突36秒前には警告を発し指示していました。2937便へは「上昇せよ」、DHL機には「降下せよ」と。**TCASの指示は、管制官の指示とは逆でした。**

しかし管制官に再び降下を求められた2937便のパイロットは、TCASを無視して降下を開始します。一方、DHL機の機長らはTCASに従って直ちに降下を開始していました。

そして29秒後、DHL機の垂直尾翼が2937便を両断しました。

この**悲劇の原因は、TCAS指示へのパイロットの対応が統一されていなかった**ことにありました。当時、欧州では「管制官よりTCASに従え」でしたが、ロシアではそれが定まっておらず「管制官の指示は絶対」というのが主流の考え方でした。

この事故後「パイロットは管制官よりTCASに従え」は世界中で徹底されることになりました。結局、精度の高い機械（TCAS）の搭載義務付けだけでは不十分で、それを

150 ティーキャスと読む。Traffic alert and Collision Avoidance Systemの略。

運用する人間側の対応統一が不可欠だったのです。

しかしこれは、回避可能な事故でした。71名の犠牲は、必然でもなんでもなく、**ある事故の教訓を活かしさえすれば、予防しうるものだった**のです。

それが日本航空2機による、駿河湾上空ニアミス事故でした。バシキール航空の事故からちょうど1年半前の2001年1月31日に、駿河湾上空3万7000フィート（1万1300m）で起きました。

日航機駿河湾上空ニアミス事故も、機械と人の矛盾で起こった

その日、羽田空港を飛び立った那覇行きのJAL907便（以降「那覇行き」）のボーイング747-400には427名の、韓国金海空港から成田空港に向かっていたJAL958便（以降「成田行き」）のDC10には250名の乗員乗客が搭乗していました。

那覇行きと成田行きは、同じ3万7000フィート付近を飛んでいましたが、那覇行きは3万9000フィートに向けて高度を上げつつあり、安全にすれ違うはずでした。でも管制卓レーダーが、2機が近づきすぎているという「異常接近警報」を発し、それを見た

図37　日本航空機駿河湾上空ニアミス事故（2001）の想像図

写真引用元：Wikimedia Commons

見習い管制官（スーパーバイザー付き）が、ミスをします。成田行きに出すべき降下指示を、便名を取り違えて、那覇行きに出してしまったのです。

「９０７便（那覇行き）、３万５０００フィートまで降下せよ」と。

その数秒後、両機のＴＣＡＳが発動します。成田行きには降下せよ、そして那覇行きには上昇せよ、と。

矛盾した指示に戸惑った那覇行きの機長はしかし、すでに降下に向けてエンジン出力を絞っていたせい[151]もあり、管制官の指示に従う決断をします。「管制官の言葉は国土交通大臣の言葉」でもあったからです。

しかし、それは衝突への道でした。しかも異常に気がついたスーパーバイザーがまたミスをします。那覇行きを上昇させようとして「９５７便（釜山行き？）、上昇せよ」と指示してしまったのです。

151 エンジン出力の再上昇には相当のタイムラグが生じる。

まさに**衝突の数秒前になって、2機の機長は英断**を下しました。衝突を確信した成田行きの機長はTCASに逆らって上昇に転じ、那覇行きの機長はマイナスGがかかるほどの「急降下」を行いました。

機長たちの判断で間一髪助かったが、その教訓は活かされなかった

結果、わずか10m差で那覇行きは成田行きの下をかいくぐり、空中衝突という最悪の結果を免れました。しかし、シートベルトをしていなかった客室乗務員など数名が天井に叩きつけられるなどして重傷を負い、合計100名以上が負傷する大事故となりました。

TCASの指示と、管制官の指示が食い違ったために起きた事故でした。

そして、この事故の原因は「管制官のミス」とされ、関与した2名は最高裁まで争った末に有罪となりました。

しかし、この事故は「TCASと管制官の指示が矛盾したらTCASに従え」という規定があれば、それだけで防げたのです。

日本航空の社内マニュアルでは「機長が危険だと判断した場合を除いてTCASに従う

こと」となっていましたが、「管制官の指示と矛盾するときどうするか」の規定はありませんでした。

同様の事故を防ぐために、国土交通省はＩＣＡＯ《イカオ》（国際民間航空機関）に調査を求めました。しかしＩＣＡＯは動かず、調査や対策が講じられたのは、71名がなくなったバシキール航空とＤＨＬの事故の後でした。

６７７名もの命が危険にさらされた、日航機ニアミス事故の教訓は活かされませんでした。なぜならそれが重大な致死事故（Fatal Accident）ではなかったからです。

致死事故の裏には、21倍以上の重傷事故・重大インシデントが存在する

ボーイング社の統計によれば、２００２～１１年での商用ジェット機での事故（死者・重傷者が発生）は４０４件。そのうち、79件（20％）が致死事故でした。さらに国内の統計では、同時期で大型機の事故が37件、重大インシデント（事故につながりうるもの）が１２０件でした。

つまり**航空機の致死事故１件の背後には、４件の重傷事故と17件の重大インシデントが**

図38　航空機の致死事故の裏に潜むもの

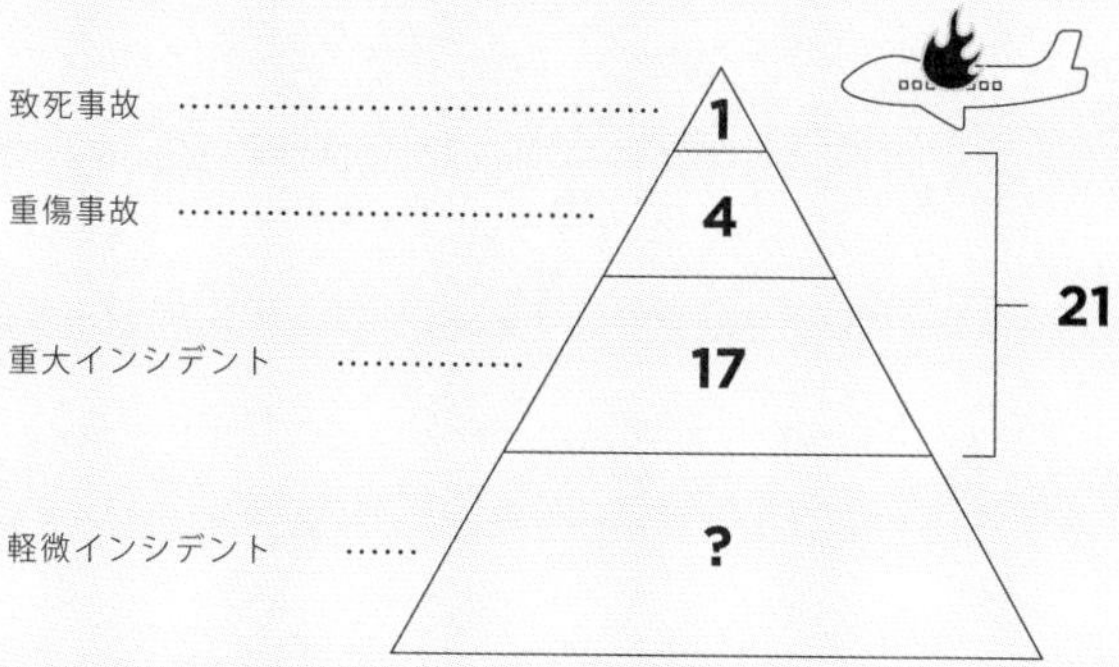

出所：ボーイング社及び日本国内統計より三谷作成

存在していたということです。

だから人はそこからもっと学ばなくてはいけません。日航機ニアミス事故という重傷事故が起こったのに、その教訓を活かさないことなどあってはならないのです。

ただ、致死事故を起こさないために、その21倍もある重傷事故や重大インシデントに着目することは、ある意味当然です。

でもそれだけでいいのでしょうか？

軽微なインシデントから学べるか、が勝負

たとえば国土交通省の運輸安全委員会

図39　「ハインリッヒ」の法則

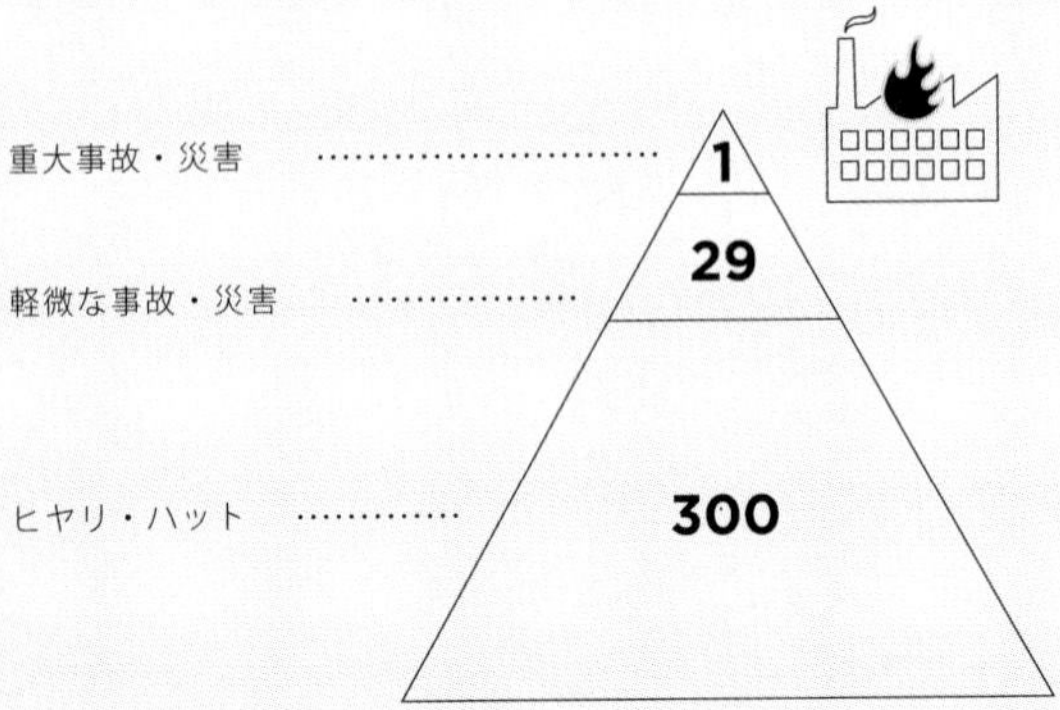

のHPを見ると、航空事故インフォメーションとして航空「事故」や「重大インシデント」についての情報が挙げられています。個別の自省についての概要や調査経過も示されています。

でもそれだけです。

重大ではない「軽微なインシデント」については、どこにも語られてはいません。[152] ハインリッヒ（Herbert William Heinrich、1886～1962）の教えはそうではなかったはずです。

彼が1929年に発表した論文で主張したのは、ある工場における1件の重大事故・災害の裏には、29件の軽微事故・災害と、300件もの（たまたま）ケガに至ら

152 航空会社に対して義務付けられているのは「事故・重大インシデント」の国土交通大臣への報告。

なかった「事故」（ヒヤリ・ハット事象）があったというものでした。（ハインリッヒの法則）[153]

大切なのはその数字ではなく、**それらが同じ原因に根ざしている**という事実でした。

ゆえに**膨大なヒヤリ・ハット事象の原因を調べてそれを潰していくことで、事故・災害も防げるのだ**と彼は主張しました。これは現代において、あらゆる安全管理の基礎となっています。

重大事故を防ぐために、私たちはもっともっとインシデントに学ばなくてはいけません。

そしてその機会は、身の回りにいくらでもあるのです。

小学生を交通事故から守る！

東京都のある小学校では、子どもたちの交通事故を防ぐために、保護者へのアンケートで過去2年間のヒヤリ・ハット事象（インシデント）とアクシデント情報を集めました。

わが子が、どこで、何を相手に、どうなったか、を調べたのです。８００件以上の事象情報が瞬く間に集まりました。

まずわかったのは、**ケガにつながった交通事故1件**[154]**に対して、ケガにはならなかった事**

153 ある工場で発生した労働災害５０００件余を調べた結果。

154 知り合いの保護者同士の話し合いで、警察に届けられていないものもあった。

図40　ある小学校での交通安全状態調査

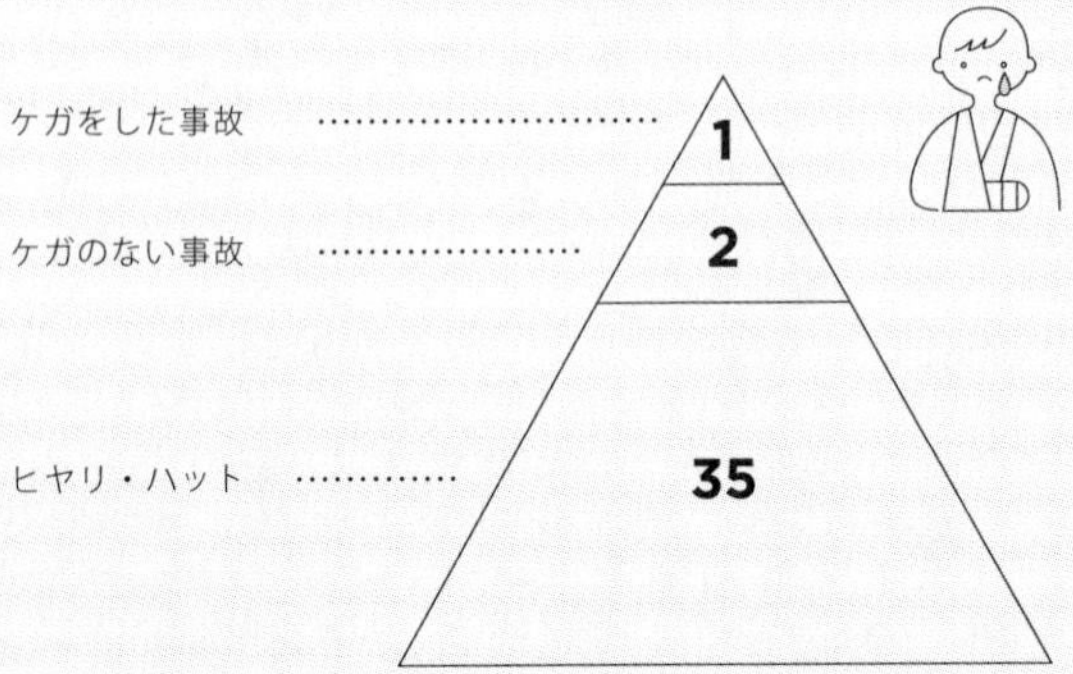

故が2件、そしてヒヤリ・ハット事象が35件もあるということでした。そして、当然のことながら、それらの場所や相手（車・自転車・ヒト）は、事故でもヒヤリ・ハット事象でも同じでした。

学年別では中学年（3・4年生）が一番「危険（ひとりあたりのアクシデント・インシデントが多い）」なこと、車の中でも特にタクシーやトラックなどの商用車の比率が高いこと、もっとも危険なのは校門近くの四つ角付近であること、などが確認されました。

自転車とのヒヤリ・ハット事象を調べてわかったこと

意外なこともわかりました。近所にある広い歩道で「自転車とのヒヤリ・ハット事象」が非常に多かったのです。

現地で観察してみて、その理由はすぐにわかりました。狭めの車道が途中で車止めによって分断されていたのですが、そこを自転車が通れなかったのです。歩道と車道の行き来がしにくかったために、**自転車の8割が最初から歩道を通っていました。**そっちの方が便利だからです。

車止めの改良が必要です。

監督官庁である警察の担当者は「バイクも通れるようになってしまう」と最初は消極的でしたが[155]、ヒヤリ・ハットのデータを見て納得し、最終的には車止めは、自転車が自由に通れるように改良されました。

特別な啓蒙活動はありませんでしたが、これだけで8割の自転車が車道を通るようになり、その歩道でのヒヤリ・ハット事象は大幅に減少することとなりました。

また、すべてのアクシデント・インシデントは大きな地図上にシールで示されて掲示さ

155 いずれにせよ、バイクも歩道を使って車止めを迂回していた。

図41　自転車を車道に戻すために車止めを改良

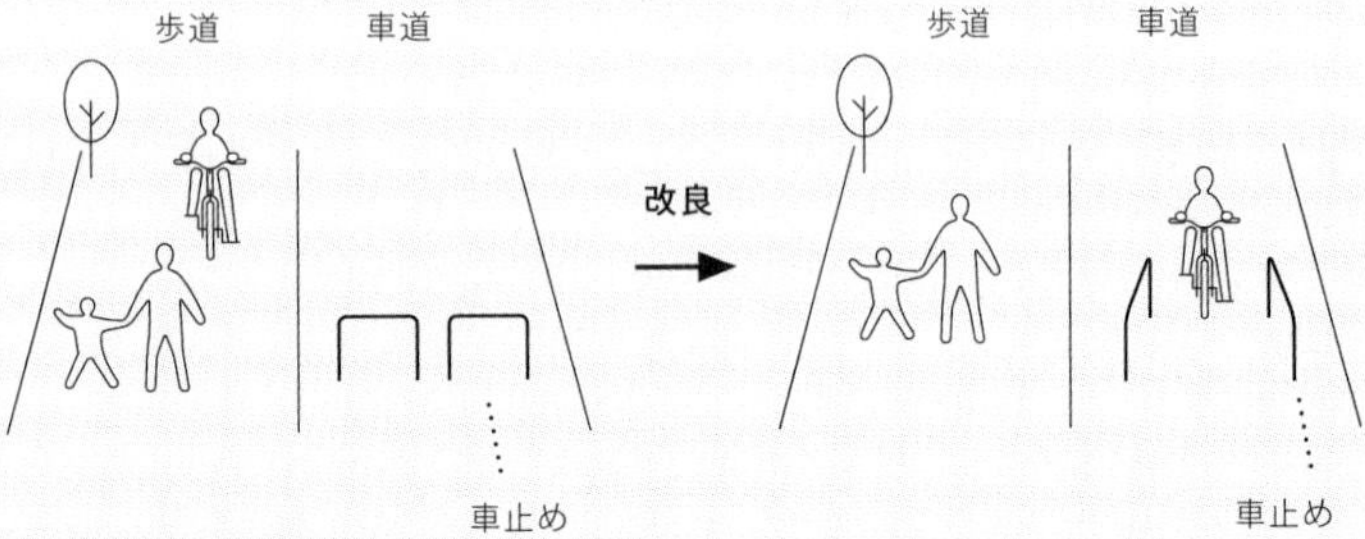

れ、そのコピーは地元町内会で配布されることにもなりました。インシデントの「見える化」です。

どんな現場でも、危険はちゃんとハカれます。安全のためにはインシデント情報を収集し、それを分析・対応すればいいのです。

インフラ、工夫、規則、訓練、で98％の事故・災害は予防可能であるとハインリッヒは言っています。ぜひみなさんも身の回りの安全のために、行動してみてください。

まずは「ハカる」ことから。

おわりに

この本は2010年春に『ハカる考動学』として出版されたものを、全面的に書き直したものです。いくつかの事例を削り、それ以上に加え、情報のアップデートを行い、文章表現の再調整をしました。

字数でいえば、旧版の6万2000文字から、この新版『ハカる力』では8万8000文字に増えています。4割増量です（笑）

もちろん量は問題ではありません。質の向上がないのであれば、わざわざ書き直す意味などないでしょう。旧版では混在していた手法と応用例を第Ⅰ部・第Ⅱ部という形で切り分け、補章の位置付けになっていながら高評価であった「ハカることの本質」を手法の一部に取り込みました。

そして「ハカる（測る・量る・計る）」ということの本質やインパクトを示すためのケースや実例を、数多く取り上げました。ただ同時に（私らしく?）、ビジネス一辺倒になることなく、ハッブル宇宙望遠鏡や航空機事故、五十音の秘密など、幅広い事例を扱っています。気楽に読み物として楽しんでください。

きっと視野が、広がります。

もともとこの本は、編集担当の河野《かわの》恵子さん（現オフィス池井戸）の発案でした。そしてある日、なかなか企画が通らないことに業を煮やした彼女が、私を社長の干場弓子さんに直接ぶつけたのです。なんらかの化学反応を期待して。

類書である『発想力の全技法』（ＰＨＰ文庫）（初出は『発想の視点力』（日本実業出版社））を読まれた方はお気づきの通り、この本は、その第2章「ハカる視点」を発展させたものです。その示唆は、まさにそのとき干場さんから発せられました。

「ミタニサン、まだまだ詰め込みすぎ」

「この第2章『ハカる』が一番面白い。これだけで1冊書いて欲しいな」

一瞬、まさか、と思いましたが、そんな挑戦をされたら、受けないわけにはいきません。とりあえず引き受けることにしました。

でもさすが干場さん、掘っていったら「ハカる」は確かに一冊２４０頁を捧げる価値のあるテーマでした。そして、『ハカる考動学』が生まれました。

それから5年半が経って、また投げかけがありました。この「ハカる」をもう一度、世に問わないかと。

確かにこの世は、さらに「ハカる」べきことに溢《あふ》れていました。

すべてのモノにはセンサーが付きネットにつながり（ＩｏＴ：Internet of

Things)、すべての街角には監視用カメラが据えられて情報化され、人々は訳もわからず、「ビッグデータ」と叫ぶようになっていました。

「ハカる」には、枠組みと目盛りが必要です。トップダウン、ボトムアップ、両方のアプローチがあります。上手に定量化し、それらを組み合わせてインサイトを引き出すコツがあります。事前にムリなら、つくってハカりましょう。そして、新しいハカり方が大きなイノベーションを生み出します。

そんなことを、この2016年に再び示したいと思います。

題して、『「ハカる」力』。『プロフェッショナルをめざす人のための新ビジネス基礎力養成講座』という副題も付いています。

書中ではここまで、数多くの企業・社会事例を挙げてきました。子ども靴のサイズ、アップルのデュオドック、無印良品の壁棚、ファイナルファンタジーとドラゴンクエスト、ZARAとH&M、高級紳士服、東海道新幹線、アフターサービス満足度。そして、濁音、航空機事故調査、竜巻のFスケール、アポロ13号にハッブル宇宙望遠鏡。

そのほとんどは公開情報です。雑誌やネット、新聞でオープンになったものです。だから読者のみなさんは「ああその話は知っている」「これも聞いたことがある」と感じることも多かったでしょう。

でも「ハカる力」を意識するだけで、これほどにさまざまな学びが見つかります。そして、「ハカる力」の良いところは、身の回りにあきれるほど多くの好例があること。ちょっと注意を向けるだけで、それらは多くの物語を語り出すでしょう。そしてそれらの学びは、自分の仕事や人生における多くの「ハカる」事象に、即、応用できるはず！

読者のみなさん、大いに楽しんで「ハカる」を学び、使いましょう。そして身についた「ハカる」力は、きっとあなたのキャリアを支えるコアなスキルとなるでしょう。マーケティングや新規事業企画、もしくはサービス改革や現場改善のための「新ビジネス基礎力」として。

それはたとえば、こんな力です。

・「ヒトをハカる」力で、新商品アイデアやコンセプト、顧客満足度や市場規模を推定する。

・「つくってハカる」力で、そのアイデアの価値や事業のフィージビリティ（実現可能性・採算性調査）を把握する。

・「新しいハカり方をつくる」力で、新しい問いを見つけ、まったく新しい価値やコスト創造する。

身の回りにあるありふれた情報たちが、新しい価値の源に変わります。いままで悩むばかりだった曖昧な状況で、新しい意思決定ができるようになります。これまで誰も想像しなかった、新しい世界が見つかります。

ちょっとどきどきしませんか？

今回、この新版の出版にあたっては、千場さん、林拓馬さんを初めとしたディスカヴァー・トゥエンティワンのみなさんはもちろん、岸和泉さん、インフォバーンの木継則幸さん、荒井幸子さんに大変お世話になりました。ありがとうございました。

そしてここまで読み進められた読者のみなさんにも、深く感謝します。みなさんのお陰でこの本は生まれました。

この『「ハカる」力』が、みなさんの期待を上回り、その力となりますように。

2016年1月「新しい地平線」上に見えた冥王星の姿に驚きつつ　三谷宏治

参考図書・サイト

序　章　『発想の視点力』三谷宏治、日本実業出版社
『発想する会社!』トム・ケリー&ジョナサン・リットマン、早川書房
『セブン-イレブンの経営史』川辺信雄、有斐閣

第1章　『観想力～空気はなぜ透明か』三谷宏治、東洋経済新報社

第2章　『渋滞学』西成活裕、新潮選書

第3章　「ファクト・シート2009 東海道新幹線の特徴」JR東海HP

第5章　「モノづくりコミュニティー」良品計画HP
「私の課長時代」日本経済新聞 2010/1/25
「アフターサービス満足度調査」日経ビジネス2009年8月3日号

第6章　「ゲーム立案道」ナムコHP
『アポロ13』ジム・ラベル&ジェフリー・クルーガー、新潮文庫
『メーデー』National Geographic
「航空事故」Wikipedia
『イノベーションの達人!』トム・ケリー&ジョナサン・リットマン、早川書房

第7章　「社長が訊く『Wiiモーションプラス』」任天堂HP(www.nintendo.co.jp/)
『成功にはわけがある』ウィリアム・J・オニール、講談社
『科学技術の中長期発展に係る俯瞰的予測調査～デルファイ調査報告書2005年5月』科学技術政策研究所

プロフェッショナルをめざす人のための
新ビジネス基礎力養成講座

「ハカる」力

発行日　2016年1月30日　第1刷

Author　三谷宏治
Book Designer　木継則幸＋荒井幸子（インフォバーン）
Illustrator　岸和泉（本文図版）
Publication　株式会社ディスカヴァー・トゥエンティワン
〒102-0093 東京都千代田区平河町2-16-1 平河町森タワー11F
TEL：03-3237-8321（代表）
FAX：03-3237-8323
http://www.d21.co.jp

Publisher　干場弓子
Editor　干場弓子＋林拓馬

Marketing Group Staff　小田孝文　中澤泰宏　片平美恵子　吉澤道子　井筒浩　小関勝則　千葉潤子　飯田智樹　佐藤昌幸　谷口奈緒美　山中麻吏　西川なつか　古矢薫　米山健一　原大士　郭迪　松原史与志　蛯原昇　中山大祐　安永智洋　鍋田匠伴　榊原僚　佐竹祐哉　廣内悠理　安達情未　伊東佑真　梅本翔太　奥田千晶　田中姫菜　橋本莉奈　川島理　倉田華　牧野類　渡辺基志

Assistant Staff　俵敬子　町田加奈子　丸山香織　小林里美　井澤徳子　藤井多穂子　藤井かおり　葛目美枝子　竹内恵子　清水有基栄　小松里絵　川井栄子　伊藤香　阿部薫　常徳すみ　イエン・サムハマ　南かれん　鈴木洋子　松下史

Operation Group Staff　松尾幸政　田中亜紀　中村郁子　福永友紀　山﨑あゆみ　杉田彰子

Productive Group Staff　藤田浩芳　千葉正幸　原典宏　林秀樹　三谷祐一　石橋和佳　大山聡子　大竹朝子　堀部直人　井上慎平　塔下太朗　松石悠　木下智尋　伍佳妮　賴奕璇

Proofreader　文字工房燦光
DTP　アーティザンカンパニー株式会社
Printing　日経印刷株式会社

ISBN978-4-7993-1833-1